리더의 말모이

행복충전사 이상국의 힐링토크 제4탄

리더의 말모이

초판 1쇄 인쇄일 2020년 11월 23일
초판 1쇄 발행일 2020년 11월 30일

지은이 이상국
캘리그래피 이선옥
펴낸이 양옥매
디자인 임흥순
교 정 조준경

펴낸곳 도서출판 책과나무
 출판등록 제2012-000376
주소 서울특별시 마포구 방울내로 79 이노빌딩 302호
대표전화 02.372.1537 **팩스** 02.372.1538
이메일 booknamu2007@naver.com
홈페이지 www.booknamu.com
ISBN 979-11-5776-972-8(02320)

이 도서의 국립중앙도서관 출판시도서목록(CIP)은 서지정보유통지원 시스템
홈페이지(http://seoji.nl.go.kr)와 국가자료공동목록시스템
(http://www.nl.go.kr/kolisnet)에서 이용하실 수 있습니다.
(CIP제어번호 : CIP2020048699)

행복충전사 이상국의 힐링토크 제4탄

리더의 말모이

책나무

김진섭

휴일이면 산에 오르려고 노력한다. 정상에 오르면 힘들게 올라왔던 모든 일들을 보상받는 느낌이 좋아서다. 그런데 산에 오르는 동안 즐겁게 올라올 수 있는 방법은 재미있는 말을 하는 친구와 함께하는 것이다. 소소한 위로와 응원이 되는 말은 피곤함을 잊게 한다. 이 책은 위로와 응원이 되는 그런 친구다

권대동 ㅣ 경일감정평가사 지사장

저자를 오랫동안 봐 오면서 재미있는 사람이라고 생각했다. 그러나 이 책을 보면서 재미있기만 한 게 아니라 그 속에 인생의 진리를 담고 있었다는 걸 알게 되었다. 짧지만 위트 있는 글에서 유쾌한 생각과 조그마한 생각의 전환으로도 삶을 윤택하게 한다는 걸 알게 되었다.

김점곤 | 신도장학회 이사장

재물을 나누는 것은 나에게 행복한 삶이고 기분 좋은 말을 나누는 것은 상대에게 기쁨을 주는 삶이다. 단디스피치리더십을 함께하면서 말의 중요함을 일깨워 준 시간이었다.

정한구 | ㈜파라곤 대표이사

만나면 기분 좋은 사람이 있고, 만나면 불편한 사람도 있는 게 세상만사다. 이 책은 읽으면 기분이 좋아져서 만나는 사람에게 행복의 에너지를 충전하는 바로 그런 책이다. 한 구절만 자기 것으로 만들어서 만나는 사람에게 전하라. 만나면 기분 좋은 사람이 될 것이 분명하다.

안동환 | ㈜경운 모터스 사장 / 2020 JCI중대구특우회 회장

2020년은 스피치의 목마름을 알게 된 해였다. 사회단체의 회장을 맡으면서 말의 소중함을 알게 되고, 재미와 공감을 얻는 스피치가 리더에게는 꼭 필요한데 바로 이 책이 그것이다.

남동철 | 단디스피치리더십 1기 회장

오십이 넘어서야 저자를 만나고 스피치 강의를 수강하면서 내면에 잠재되었던 소중한 장점을 알게 되었고, 다양한 거리들을 표출할 수 있도록 이끌어 주신 저자에게 감사의 마음을 전합니다. 숨어 있는 나를 깨워 보세요.

김종태 | (사)중소상공인 중대구지회 회장 / 젬스타귀금속

현대사회는 '말'의 사회다. 첨단 미디어를 통한 커뮤니케이션의 발전도 시간과 공간을 초월하여 대화를 하고 정보를 공유하자는 데 의미가 있다. 한마디의 말로 인해 인생은 변화의 계기를 맞는다. 이 책은 바로 그런 의미에서 출발한다고 할 수 있다.

김성수 | 가야골프 대표 / 단디스피치리더십 4기 회장

말에도 온도가 있고 말투에는 열정이 숨어 있다는 것을 알려 주고, 유머와 위트로 소통의 윤활유 같은 역할을 해내는 책입니다. 이 한 권으로 어느 장소에서나 인기 있는 리더가 될 것입니다.

얼굴도 예쁘지만 청순미까지 갖춘 여성이 있었다. 어느 자리에서나 남자들이 옆자리를 차지하려고 했다.

　권불십년이라고 했는가? 어느 권력도 10년을 넘기기 힘들다는 야기인데, 그 여성의 옆자릴 차지한 남자들은 좌불십분이다. 10분도 되지 않아 다른 자리를 찾아간다.

　입만 열면 십 원짜리가 먼저 시작을 하고 타인의 험담을 하기 바쁘다. 타인의 이야기에는 거의 집중을 하지 않고 자신의 이야기만 십 원짜리를 써 가면서 끊임없이 늘어놓는다.

　감투는 그 사람의 지위나 권력을 나타내며, 말투는 그 사람의 인격과 품위를 알려 주는 잣대가 된다.

　짧지만 웃음을 주는 화법과 잔잔하지만 감동을 주는 말을 구사하는 사람이 있는가 하면, 유창하지만 지루하고 똑똑하지만 분위기에 동떨어진 이야기를 늘어놓는 사람이 있다.

말모이는 '말을 모으다'라는 뜻이지만, 필자는 이 책을 통해 날짐승의 모이처럼 곡식의 씨앗을 전하고자 한다. 즉, 무엇으로 심느냐에 따라 향기로운 꽃도 피고 상큼한 과일도 되며 튼실한 열매가 되기도 하는 말의 씨앗을 심는 것이다.

2020년 11월

이상국

차례

훈 訓

／

가르치다

꽃은 향기로
말하고
사람의 향기는
말에서 나온다

토닥토닥

닭 중에 가장 빠른 닭은 '후다닥'

정신줄을 놓은 닭은 '헤까닥'

목숨을 잃은 닭은 '꼴까닥'

남자들이 좋아하는 닭은 '홀딱'

나에게 힘이 되고 응원되는 닭은 '토닥토닥'

리더의 말꼬이

마음의 날씨를 맑음으로 맞추세요.

"그만하면 괜찮아. 애썼어. 잘 살아온 거야."

"밥은 먹고 다니니? 힘들면 쉬어 가."

"넌 참 소중하구나. 너 하나로 충분해."

"너의 찬란한 날은 아직 오지도 않았어."

"네가 있어 참 좋다."

"좋은 일이 생길 거야."

오버해도 괜찮아

누군가에게 비빔밥이라도 한 그릇 얻어먹었으면 '잘 먹었네'라고는 해야 한다.

"자네가 사 주는 보리밥은 자연식이라 몸이 훨씬 좋아진 것 같아."

"자연을 먹은 것 같아, 몸이 자유로워지는걸! 잘 먹었네."

조금 오버해도 괜찮다. 오버하면 할수록 상대의 기분은 오버하게 되어 있다.

리더의 말모이

'복은 감사의 문으로 들어와서 불평의 문으로 나간다.'라는 서양 속담이 있다.

감옥과 수도원의 공통점은 세상과 고립돼 있다는 점인데, 다른 게 있다면 불평하느냐 아니면 감사 하느냐의 차이일 것이다.

"당신을 만난 건 행운이야."

"나는 자네의 선택을 믿네."

"정말 믿음직스러워요."

"볼 때마다 새로운 느낌이에요."

우리가 머무는 공간이 행복의 공간이 될 수 있도록 하자.

마음을 흔드는 사람

김수환 추기경님은 '사랑이 머리에서 가슴으로 내려오는 데 70년'이라는 시간이 걸렸다고 하잖아요.

머리와 입으로 나누는 사랑에는 향기가 없대요. 포용과 자기 낮춤이 선행되어야 한답니다.

리더의 말모이

유재석은 '귀를 흔드는 사람보다 마음을 흔드는 사람이 되자'라고 했다. 상대를 리드하지 말고 리드하게 만들어라. 상사일수록 부하 직원에게 존칭과 격언을 사용하라. 내가 먼저 인사하고, 맞이하고, 배우는 자세로 낮추어라. 공은 내가 차지하는 게 아니라 구성원에게 돌려라.

플라시보와 노시보

플라시보(placebo)란 라틴어로 '마음에 들게 하다'라는 뜻으로, 약리적으로 전혀 효과가 없음에도 불구하고 환자가 그것이 효과가 있을 거라고 믿는 경우 실제로 효과가 나타나는 것을 말한다.

반대로 노시보(Nocebo)는 '해를 끼치다'라는 뜻으로 효과가 분명히 있음에도 환자가 의심하여 효과를 잘 보지 못하는 것을 말한다.

리더의 말모이

강한 믿음보다는 의심 및 불안에 시달려 결과를 부정의 생각으로 현실을 만드는 어리석은 짓을 많이 하고 있다.

신중히 선택하고 결정이 나면 긍정의 마음으로 행동하라.

"너를 믿어!"

"분명 내일은 오늘보다 더 빛날 거야."

"점점 좋아지고 있다."

생각과 말의 상관관계

남편 몰래 바람을 피던 여자가
자기 집 안방에서 낮잠을 자다 일어나서는
옆에 누운 남편을 보고 이렇게 말했다.
"여보, 여기는 어떻게 알고 온 거야?"

생각은 입을 통해 전달된다.

나를 더욱
강하게 단련시키는
'연습'이라
생각하면
위로가 된다

문제가 생기면

교외로 드라이브를 함께 즐기던 아내가

"여보, 큰일 났어요! 가스레인지 불을 안 끄고 온 것 같아요."

이에 남편은 아주 차분한 목소리로,

"걱정 마. 내가 수돗물 틀어 났어. 아마 지금 수영장이 됐을 걸?"

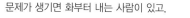
리더의 말모이

문제가 생기면 화부터 내는 사람이 있고,

문제를 먼저 해결한 후에 다음을 준비하는 사람이 있다.

"신고부터 하자. 엄청 빨라, 우리나라 119."

먼저 불부터 끄고 다음 일을 생각하자.

'먼저 해야 할 일이 무엇인지 정리해 보자'

'각자의 할 일을 나누자.'

'함께하니 두렵지 않구나!'

말실수

한 가족이 타고 가는 자가용을 교통경찰이 교통위반을 했다며 갓길에 세우게 했다.

"교통신호를 위반하셨습니다, 운전면허증을 주세요."

옆에 있던 아내가

"자기야, 술을 먹고 운전하면 안 된다고 했잖아요."

깜짝 놀란 경찰이

"술을 드셨어요?"

뒷자리에 앉아 있던 할머니 왈,

"아들아, 그러니까 운전면허증을 새로 딸 때까지는 조심하라 그랬지?"

"아니, 면허도 없으세요?"

가만히 눈을 지그시 감고 있던 할아버지가

"아들아, 훔친 차는 원래 멀리 못 간다니까."

누구나 말실수를 한다. 우리는 흔히 말실수를 하면 그것을 덮으려 더 많은 변명거리를 찾는다. 실수를 했다면 그 자리에서 인정하고 바로 정정하라. 만일 상처가 되었다면 바로 사과하라. 사과도 용기 있는 자만이 할 수 있다. 잘못을 인정하면 상대방에게 믿음을 주고 신뢰를 높인다.

- ◈ 잘못을 했으면 전제를 붙이지 마라. '오해가 있어서 그랬다', '기분 나빴다면' 하는 식의 전제를 붙이지 마라. 그냥 잘못해서 미안하다.
- ◈ 진심으로 미안함을 전하라. 정확한 표현으로 상대의 마음이 누그러질 때까지 '진심으로', '네가 용서해 줄 때까지' 충분히 사과하라.
- ◈ 중간에 핑계 대지 마라. 오해 없게 해명하는 건 필요하지만, 순간을 모면하려 변명을 장황하게 늘어놓지 마라. '사실은 그게 아니고', '원래 그 말이 잘못 전달돼서' 하는 식의 변명은 하지 마라.
- ◈ 재발 방지를 약속하라. 같은 잘못이 반복되지 않는 것이다. '앞으로는', '절대로', '내 자신을 걸고', '두 번 다시는' 등으로 구체적으로 재발 방지를 약속하라.

같은 편은 못 돼도 적은 만들지 마라.

人者無敵 : 어진 사람에게는 적이 없음

적자생존

대중 앞에 서면 잘 알고 있던 이야기도 머리가 하얗게 되면서 생각이 나지 않는다.

가장 좋은 방법은 '적어라'.

적자생존이지 않는가? "적는 자만이 살아남는다."

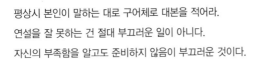

리더의 말모이

평상시 본인이 말하는 대로 구어체로 대본을 적어라.

연설을 잘 못하는 건 절대 부끄러운 일이 아니다.

자신의 부족함을 알고도 준비하지 않음이 부끄러운 것이다.

실수를 두려워하지 않는 남자

링컨이 연단에 오르다 그만 넘어지고 말았다.

국민들이 그 모습을 보고 키득키득 웃었다.

그러자 링컨은 연단에 올라 이렇게 말했다.

"국민 여러분에게 즐거움을 줄 수 있다면 한 번 더 넘어질 수 있습니다."

리더의 말모이

절대로 실수하지 않는 사람이 되고 싶다면, 결코 아무 일도 하지 않으면 된다. 실수는 하되 주눅
들지는 마라. 당당하게 이야기하라.

"여러분이 원한다면 여기서 한 마디도 안 할 수 있습니다."

"떨려요. 사시나무보다 더 떨려요. 박수가 필요한 것 같기도 하고…."

"제가 유일하게 읽을 수 있는 게 한글이라 적어 왔어요."

"제가 가만히 있으면 박수 쳐 주실래요? 그럼 제가 말을 해야 되는구나, 알잖아요."

"예쁜 분들 앞에만 서면 말을 못 하는 트라우마가 있어서 그래요."

그냥 당당히 하자. 실수를 두려워할 이유는 없다.

실수의 장점

"실수의 장점은 장점을 알아내는 선행학습이다. 실수를 했을 때 고치는 방법은 첫째, 그것을 인정할 것. 둘째, 실수로부터 배울 것. 셋째, 실수를 반복하지 말 것." – 폴 베어 브라이언트

주부로 보이는 여성이 의사를 찾아왔는데 두 귀가 벌겋게 퉁퉁 부어 있었다. 의사가 말했다.

"아주 심한 화상을 입으셨군요. 어쩌다가…."

"네, 다리미질을 하고 있는데 갑자기 전화벨이 울리더라고요. 얼떨결에 다리미로 전화를 받았지 뭐예요?"

"그런데 한쪽 귀는 왜?"

"전화가 또 오더라고요."

 실수를 했다 해서 실의에 빠질 이유도 없고 자책할 필요도 없다. 단, 그것을 반복하지 않으면 된다. 아무것도 하지 않으면 아무것도 얻을 수 없다.

가는 말이 고우면 오는 말이 곱고

가는 말이 꼬우면
오는 말이 꼬운 바

대화를 시작하는 가장 좋은 방법

할 말이 없을 때 대화를 시작하는 가장 좋은 방법은 칭찬으로 질문하기다.

"스타일이 굉장히 멋져요! 스타일링을 어떻게 하세요?"

"몸이 아주 좋으신데 특별히 몸 관리하시나요?"

"피부가 물광이네요. 미끄러지겠어요. 어떻게 하면 그렇게 될 수 있나요?"

"말투가 참 친근하네요. 고향이 어느 쪽인가요?"

"목소리가 좋으세요. 타고나신 건가요?"

리더의 말모이

먼저 인사하고, 먼저 칭찬하고, 먼저 존중하라.
인사받고, 칭찬받고, 존중받게 되더라.

기분 좋은 인사말

첫인사는 감사의 표현으로 시작하라.

"이 자리에 함께해 주심을 영광으로 생각합니다."

"아마 여러분이 없었다면 상상조차 할 수 없었던 일입니다."

"저는 단지 숟가락 하나 얹었을 뿐입니다."

"만약 주최 측에서 허락하신다면 워싱턴 전기톱으로 5 등분으로 자르고 싶습니다."(봉준호 감독의 아카데미 시상식 인사말)

인사말을 할 때는 고마움을 아끼지 말고, 더불어 함께한다는 동질감을 나타내는 단어를 사용하라.

"제가 이 자리에 설 수 있는 것은 여러분과 함께한다는 것이고, 함께 가고 있다는 것이며 함께 꿈꾸고 있다는 사실입니다. 여러분과 함께할 수 있음에 다시 한 번 감사드립니다."

감사의 밭을 가꾸어야 만족이라는 곡식을 거둔다.
세상에서 가장 맛있는 라면은 '함께라면'이다.

말하지 않아도

노력하되 공은 내세우지 말고, 이끌되 지배하지 마라.

"내가 말이야, 나 없으면 아무것도 안 돼!"
"나한테 이야기하지, 그런 건 일도 아니야."

모르는 사람이 없고
모르는 지식이 없고
모르는 세상이 없다.

보석은 말하지 않아도 값어치를 알고
바다는 뽐내지 않아도 크기를 알며
꽃은 자랑하지 않아도 향기로움을 안다.
"제가 도울 일은 없나요?"
"부족하지만 최선을 다할게요!"
"저에게 그런 영광을!"
"조심스럽게 제 생각을…."

불평이 많은 친구의 이야기

늘 불평이 많은 친구의 이야기를 건성으로 듣자,

"자네, 정신과 치료를 좀 받아 보라고."

"내가?"

"아니, 자네 말고 자네 마누라."

"왜?"

"자네와 같이 살면 안 미치곤 못살걸!"

리더의 말모이

기분 나쁘지 말라고 하는 얘기는 들으면 기분 나쁘고, '너에게만 해 주는 얘기'는 나에게 안 좋은 이야기가 전부더라.

비밀이 많은 사람은 남을 비방하는 이야기를 먼저 하고, 내 앞에서 남의 험담을 하는 사람은 딴 곳에서 나를 험담하기 일쑤더라.

시시때때로 하세요

사랑합니다.
고맙습니다.
미안합니다.

하고 싶어도 할수없을때가 있어요

내 마음 알지?

붕어빵 장사의 붕어빵이 탔다.

결투를 하던 서부의 총잡이가 죽었다.

공통점은?

"너무 늦게 꺼냈다."

리더의 말모이

"내 마음 알지?"

그럼 상대의 마음도 알아주는 게 피장파장 아닐까요?

부동산, 주식, 펀드에 투자하는 것도 나쁘지는 않아요.

그러나 조직의 리더라면 사람의 마음에 투자하세요.

수익률이 그리 높지는 않지만, 연금으로 쓰기에는 배당이 괜찮아요.

당당하게, 솔직하게

미국의 17대 대통령후보 합동유세장에서 앤드류 존슨의 상대편 후보가 이렇게 몰아붙였다.

"유권자 여러분, 존슨은 초등학교도 못 다닌 양복쟁이 주제에 감히 미합중국의 대통령이 되겠다고 합니다."

이어 연단에 오른 존슨의 연설.

"저는 초등학교도 못 나왔습니다. 그런데 예수님께서도 학교를 다니셨다는 기록은 없습니다. 더구나 예수님은 양복쟁이가 아닌 목수 아니셨나요?"

리더의 말모이

하나의 초는 수천 개의 초를 밝힐 수 있다. 그렇다고 해서 그 초의 수명이 짧아지는 것은 결코 아니다.

좋은 말도 이와 같아서 베푼다고 줄어드는 게 아니다. 늘 충만해 보이고 당당한 사람이 "실은 나도 고민이 있어."라고 말하며 솔직하게 자신을 열면, 훨씬 많은 친구를 얻게 된다.

세상은 딱 두 가지

안산에 강의를 가면 늘 하는 말,
"저는 부동산에 투자를 많이 하는데,
지금까지 산 땅과 안 산 땅입니다."

세상에 땅은 딱 두 가지,
내 땅과 앞으로 내 땅이 될 땅.

세상의 부자는 딱 두 가지,
지금 부자이거나 앞으로 부자가 될 사람.

세상의 멋쟁이는 딱 두 가지,
지금 내 앞에 있는 사람과 그 사람이 만드는 멋진 세상!

복잡하고 알 수 없는 게 세상이라지만
나누어 보면 딱 두기지가 전부예요.
내 마음에 드는 것과 그렇지 아니한 것.

이런 바람이 불었으면 합니다

당신의 꿈이 꼭 이루어지기를 바람

두 사랑의 사랑이 열매 맺기를 바람

사업이 번창하기를 바람

건강이 곧 회복되어 더 튼튼하기를 바람

길 잃은 꿈을 찾기를 바람

세상을 향한 날갯짓이 훨훨 날아가기를 바람

'무엇보다 세상의 주인공인 당신이 잘되기를 바람'

리더의 말모이

내가 나를 존중하지 않으면서
누가 나를 존중하기를 바라는가.

같이 넘어져 주기

아들하고 시내에서 쇼핑을 즐기던 엄마가

계단을 오르다 넘어졌다.

"엄마, 괜찮아? 괜찮아? 응?"

놀란 아들이 큰 소리로 물었다.

그러자 엄마 왈,

"야, 쪽팔려 죽겠는데…. 조용히 해!"

리더의 말모이

때로는 넘어질 때 있어요.

그럴 땐, 같이 넘어져 주는 게 어떨까요?

어떤 말보다 같은 위치에 맞춰 주는 게 힘이 됩니다.

좋은 친구, 나쁜 친구

멸치와 문어가 사랑에 빠졌다.

멸치는 부모님에게 문어와 사랑에 빠졌으니 결혼을 하겠다고 했다.

그러자 아버지가 화를 내면서,

"안 된다! 그런 뼈대 없는 집안과는 혼인할 수 없다."

리더의 말모이

내 주변에 나쁜 친구를 가려내기 전에 나 자신은 과연 남에게 좋은 친구인가 스스로 물어봐야 한다. 허물을 밖에서 찾으려 하지 말고 내 속에서 발견하는 연습을 하라.

당신은 언제나 마음먹은 대로

"할 수 있습니다"

박명수 어록

"가난이 대문으로 들어오면 사랑은 창문으로 나간다."

"성형으로 예뻐진 게 아니라 하기 전에 예뻤던 거다."

"동정할 거면 돈으로 줘라."

"남자는 애 아니면 개."

"원수는 회사에서 태어난다."

늘 2인자라고 자처하지만, 박명수는 최선이라는 분야에서는 누구보다 월등하다. 재미를 위해서는 그는 기꺼이 뺨을 내주고 쫄쫄이를 입고 무너짐을 두려워하지 않는다.

최선이 아니라면 차선이라도 해야 한다. 남과 다르게 살고 싶어 하면서 왜 아직도 남과 같이 하고 있는가?

"이 분야에서 최고야."

"톡톡 튀는 아이디어 존경해!"

"너의 한계는 어디까지인 거야?"

그럼에도 불구하고

"등산은 왜 가나? 어차피 내려올 텐데….."

운동을 싫어하는 친구가 술이나 먹자며 붙잡는다.

"자네는 밥은 왜 먹나? 어차피 싸면 배고플 텐데."

"자네는 세수를 왜 하나? 내일 아침에 또 할 것을….."

살기 위해 먹느냐, 먹기 위해 사느냐? 그것이 문제로다.

리더의 말모이

'그럼에도 불구하고' 반복되어야 한다.
용기란 두려움이 없어서가 아니라.
그럼에도 불구하고 도전하는 것이다.
달인의 공통점은 수없이 많은 반복을 했다는 것이다.
꾸준함이 타고난 재능을 이기는 법이다.
그러니 지치지 마라! 지치면 진다.

스피치를 잘하는 주문

넘어짐이 두려우면 자전거를 배울 수 없고

물이 두려우면 수영을 배울 수 없고

이별이 두려우면 사랑을 할 수 없고

무대가 두려우면 스피치가 늘지 않는다.

리더의 말모이

주문을 걸자.

"무대가 나를 기다리고 있다. 얼마나 기다렸던 무대인가? 난 경험을 쌓으려 여기에 왔고, 나를 시험에 들고자 올라가는 것이다. 난 누구보다도 멋지고 강력한 에너지를 가지고 있다. 그리고 난 참 괜찮은 사람이다."

"나는 날마다 모든 면에서 점점 좋아지고 있다."

"그까이꺼!"

"좋았다면 추억이고 나빴다면 경험인 거지, 뭐!"

Yes

영화 〈예스맨〉에서 부정에서 긍정의 말로 바뀌는 순간부터 차츰 'Yes' 되는 상황이 많아졌다.

일이 자꾸만 꼬인다는 생각이 들수록

"Yes, 잘될 거야. 잘할 수 있어."

리더의 말모이

'같이만족 = 가치만족'이 되는 단어를 사용하라.

"굿~샷", '굿데이', '굿모닝', '굿바이' 등 좋다는 말이 먼저 들어가면 뒤따라오는 말도 덩달아 좋아진다.

욕조 물을 가장 빨리 빼는 방법

한 남자가 정신과를 찾았다.

의사는 욕조에 물을 가득 채우고 컵과 대야를 주면서

"욕조에 물을 가장 빨리 빼는 방법을 찾으라."

고 했다. 그러자 남자는 말없이 욕조의 마개를 뺐다.

리더의 말모이

누구나 끝은 두렵다.

그러나 그 끝을 한 번이라도 본 사람은

새로운 길이 있다는 것을 안다.

명분과 목적

엄마는 아침마다 아들을 깨운다.

"아들아, 학교 가야지. 얼른 일어나!"

"싫어요. 아이들이 저를 다 싫어한다고요."

"안 돼! 그래도 가야 해."

"왜요?"

"넌 그 학교 교장이니까."

명분을 만들어야 목적이 뚜렷해진다.

내가 모임에 왜 참석을 해야 하는지, 내가 왜 이곳에 왔는지 명분을 만들면 목적이 뚜렷해진다.

"역대 회장님을 따르는 후배가 많습니다."

"선배님의 고견을 꼭 청해 듣고 싶습니다."

"회원 여러분 한 분 한 분이 곧 우리의 미래입니다."

"열정적인 김 사장님이 안 오시면 거의 초상집 분위기가 됩니다."

"이사님의 준비 정신이 곧 우리 모임의 앞날입니다."

모임에 참석해야 하는 명분을 만들어서 문자를 보내 봐라. 효과는 확실히 달라진다. 본인이 참석해야 하는 이유가 꼭 생겼으니….

일찍 일어나는 새가 피곤하다

일찍 일어나는 새가 피곤하다.

전깃줄에서 빨리 뜨는 새가 포수의 총에 맞을 확률이 높다.

사기꾼들 사이에서는 이런 말이 있다.

"세상에서 가장 속이기 쉬운 상대가 똑똑한 사람이다."

정원이 10명인 잠수함이 있었다.

선원 5명과 임산부 5명이 탔다.

그런데 잠시 후 잠수함이 가라앉아 버렸다.

왜일까?

"잠수함은 원래 가라앉는다."

세상을 너무 복잡하게 살지 마라. 휴대폰 배터리가 OFF 되면 정신마저도 OFF 될 것 같지만 괜찮다. 선한 리더가 되려면 하루에 30분 정도는 자신을 위한 걷기와 명상을 해라.

"사소한 것에 목숨 걸지 마라."

"인생은 혼자다. 뚜벅뚜벅 가자."

"지금 후회 없이 사랑하자."

"뭣이 중한디! 돈 벌어 소고기 사 묵자!"

명분과 실리

전쟁에서 공을 세운 병사가 정부로부터 훈장을 받게 되었는데 훈장 대신 1,000유로를 받을 수도 있었다.

병사는 물었다.

"내가 받는 훈장은 얼마짜리입니까?"

"훈장은 도금이니까 10유로 정도 할 걸세."

"그럼 훈장과 990유로로 주실 수 있으시죠?"

리더의 말모이

우리는 살아가면서 명분과 실리라는 두 가지 길 앞에서 고민에 빠지는 경우가 많다. 명분을 택하자니 실리가 울고, 실리를 택하자니 명분을 잃는 게 두렵다.

명분과 실리는 자신의 상황과 처지에 따라 다를 수 있다. 무엇보다 우선시되어야 하는 것은 소속 집단 구성원의 존엄성과 생명이다.

손을 펴야 잡을 수 있고 그릇은 비워야 채울 수 있다. 신중히 생각하고 조심스럽게 행동해서 모두가 만족할 수는 없겠지만 후회가 남지 않은 선택이길 바란다.

잘 나갈 때를 조심하라.

혹시, 내가 겸손이라는
소중한 물건을 잊어버리지 않았는지

링컨의 재치

링컨이 연설을 하려고 연단에 오르자, 평소 그를 싫어하는 야당 국회의원이 큰 소리로 외쳤어요.

"링컨은 두 얼굴의 소유자입니다. 국민을 우롱하고 있어요!"

연단에 오른 링컨은 아주 나지막한 목소리로,

"여러분, 제가 두 얼굴을 가진 사람이라면 이렇게 못생긴 얼굴을 가져왔겠습니까?"

리더의 말모이

심리학에서는 상대가 잘난 것보다는 상대의 부족함이 더 많은 공감을 이끌어 낸다고 합니다. 잘난 사람은 잘난 척하지 않아도 충분히 그 잘남을 짐작할 수 있죠.

그런데 부족한 사람은 상대를 끌어내림으로써 자신이 올라간다고 착각을 하지만, 상대를 하찮게 여길수록 자신이 하찮은 존재가 된대요.

인간의 욕심

영국인은 일단 뛰면서 효과를 생각하고,

독일인은 출발선에서 왜 뛰어야 하는지 효과를 정리하고 뛴다.

한국인은 남이 뛰면 덩달아 뛰는데 무조건 1등 하고 보자는 식이다.

리더의 말모이

　인간에게 욕심이 없어지지 않는 한 가난은 벗어날 수 없으며, 가난하되 비굴하지 않고 부유하되 오만하지 않기란 어렵다. 가난과 부유함의 기준은 자유롭게 사느냐 마느냐에 달려 있다. 단, 내일의 행복을 위해서 오늘을 담보로 잡지는 마라.

첫 번째 구독평

『행복하시집』 출간 후

모르는 사람으로부터 늦은 밤 한 통의 문자가 왔다.

"행복하시집, 이것을 시라고 썼어요?"라고….

기다릴까 봐 늦었지만 답장을 했다

"손으로 썼습니다. 아, 참. 첫 번째 구독평 너무 감사드려요."

그러자 다시 문자가 왔다.

"죄송합니다."

이상국392tv 유튜브 구독란에 댓글이 달렸다.

"재미없는 영상 보느라 시간이 아깝다."

이에 답글을 올렸다.

"당신의 인내력에 경의를 표합니다. 처음부터 마지막까지 인내심을 가지고 구독하신 분이 위의 분의 처음입니다. 감사합니다."

그러자 답글이 왔다.

"죄송합니다."

리더의 말모이

내가 최고라고 생각하는 순간부터 내리막길이다.

자신에게는 최선을 다하고, 상대에게는 최고로 겸손해져야 한다.

자기소개를 청산유수처럼 잘하는 사람보다 자리에 없는 사람에 대해 어떻게 이야기하느냐를 보면 그 사람에 대하여 알 수 있다.

리더의 스피치

화살 만드는 사람이 어찌 갑옷 만드는 사람보다 인자하지 못하다고 말하겠는가. 화살 만드는 사람은 사람이 상하지 않게 될까 걱정하며 만들고, 갑옷 만드는 사람은 사람을 상하게 될까 걱정하고 만드느니라. - 맹자

유치원에 지역구 국회의원이 방문을 했다.

아이들이 소리를 지르면 반갑게 맞아 주었다.

"아저씨 TV에서 봤어요. 우~와!"

기분이 좋아진 국회의원은

"그래, 나를 아니?"

"국회의원이요."

"내 이름도 아니?"

"네."

"그럼 내 이름이 뭘까?"

"저 새끼요. 아빠가 그랬어요!"

인자하지는 않아도 최소한 자기의 본분이 뭔지는 알고 살아야 한다. 리더는 자신의 위치, 역할, 배려가 스피치에 담겨 있어야 한다.

"맡은 바 책임을 다하겠습니다."

"제가 마땅히 해야 할 일을 했을 뿐인데…."

"도리에 맞게 수렴하겠습니다."

"귀담아듣겠습니다."

골프와 겸손

60타 치는 골퍼는 나라를 먹여 살리기도 하고

70타 치는 골퍼는 가정을 먹여 살리기도 하고

80타 치는 골퍼는 골프장을 먹여 살리고

90타 치는 골퍼는 친구를 먹여 살리는 우정애가 있으며

100타 치는 골퍼는 골프공 회사를 먹여 살리는 vip 고객이다.

리더의 말모이

골프를 칠 때는 파는 좋아하되, 까도 까도 알 수 없는 양파는 멀리하라. 항상 겸손해야 한다. 고개를 함부로 들지 말고 어깨에 들어간 힘을 빼라.

자신을 낮추어라

"저는 말을 잘 못합니다. 혀가 짧아 자살도 못합니다. 그래서 거짓말도 잘 못합니다." (최규상 유머코칭)

"저는 얼굴과 머리를 동시에 씻을 수 있습니다." (김희국 전 국회의원)

"저는 땅에서 재면 짧지만 하늘에서 재면 아마 엄청 길 거예요." (뽀빠이 이상용)

"저는 눈이 작아 눈병에 걸린 적이 없어요." (김제동)

"저는 피부가 검어서 군대에서 위장을 특별히 하지 않아도 야간침투에 제격이었어요." (해병대 동기)

"저는 혈액형이 A형이라 아주 소심해요. 얼마나 소심하냐면, 이렇게 서 있는데 박수를 안 치시면 나중에 꼬옥 복수해요." (박유현 교수)

리더의 말모이

자신을 낮추어라. 자신을 낮추는 스피치는 상대에게 공감을 받을 수 있으며, 웃음을 유발하여 마음의 문을 열게 한다. 자신을 낮추고 진심으로 대하는 사람은 어둠도, 암흑도 두려울 게 없다.

왕년에 내가 말이야

탤런트 박상면이 김수미의 〈밥은 먹고 다니냐〉에 윤다훈과 함께 출연했다. 〈세 친구〉라는 시트콤을 하면서 최고의 인기를 누리던 시절에 박상면은,

"인기는 영원할 줄 알았다. 그때 겸손했어야 했는데, 광고도 대본이 마음에 들지 않으면 안 하고, 조연출한테 뭐라고 했다. 그런데 그때 조연출이 지금 모두 잘돼 있더라."

윤다훈 역시,

"저도 지나고 나니 '왜 그때는 겸손하지 못했을까?' 하는 생각이 들더라. 하늘 높은 줄 모르고 거만했다."

"왕년에 내가 말이야. 내가 한때는…. 내가 이래 봬도…."

왕년에 잘 안 나간 사람 없고, 한때 화려하지 않았던 사람 있겠는가? 과거에 묻혀 살지 말고 지금의 자리에서 겸손하라. 겸손은 어렵다지만 리더가 가져야 할 최고의 덕목이다.

"너무 긴장이 되네요."

"이것 좀 가르쳐 주실래요?"

"말씀을 정말 재미있게 잘하시네요."

"한 수 배웠습니다."

인격을 갖춘 자의 말

　많은 사람과의 인간관계를 자랑하는 사람치고 제대로 인격을 갖춘 사람은 많지 않다.

　"그 사람 잘 알지, 그 양반 지금 전화하면 바로 올 걸! 동문이잖아, 막연하지."

　"내가 키웠잖아, 전화 한 통이면 끝나! 내 밑에 있었잖아."

　이는 자신의 부족함을 덮으려는 말들일 뿐이다.

리더의 말모이

"영광입니다."
"부족한 게 많습니다."
"귀한 분을 만나 뵙게 되어 가문의 영광입니다."
"좋게 봐 주셔서 감사합니다. 항상 노력하고 있습니다."

5라오 인생

'Smile' 언제나 웃는 얼굴로
'See' 서로를 눈을 보면서
'Soft' 항상 부드럽게
'Speed' 신속하게
'Satisfaction' 만족할 때까지

나, 누구와 이야기하네?

상대가 이야기하는데 나의 행동은?

- 어떻게 대응할 것인지 생각한다.
- 해야 할 일, 과거에 있었던 일 등 딴 생각을 한다.
- 스마트폰을 만지거나 물건을 정리하는 등 다른 일을 하면서 이야기를 듣는다.
- 자주 두리번거리면서 물건, 소리 등 외부 자극에 주의를 뺏긴다.
- 상대방의 문장을 내가 마무리한다.
- 상대방의 말을 끊고 '결론' 또는 '요점'이 무엇인지 물어본다.
- 인상을 쓰거나 한숨을 쉰다.

체크 항목이 많을수록 경청의 자세가 부족하다.

리더가 갖추어야 할 경청의 자세

- 상대방의 눈을 마주친다(인중도 괜찮다).
- 말을 들으면서 필요하다면 메모하는 습관을 가진다.
- 상대방의 말을 이해했는지 자신의 언어로 바꾸어 묻는다.
- 표정, 몸짓, 침묵 등 비언어적 요소의 단서에 주의를 기울인다.
- 중간중간 추임새 '어머, 정말, 진짜, 헐, 대박'으로 대화를 이끈다.
- 상대방의 말을 끝까지 듣는다.

리더에게 필요한 6가지

『위기를 극복한 리더들의 생각을 읽는다』의 저자 크리스토퍼 호에닉은 리더에게 필요한 6가지 형을 제시했다.

- 이노베이터형: 올바른 태도로 역사를 새로 쓰고 미래를 바꾼다.
- 발견자형: 끊임없이 질문하고 올바른 정보를 캐낸다.
- 의사소통자형: 소통으로 교감한다.
- 선도자형: 올바른 목적지로 잘 가고 있는지 리드한다.
- 창조자형: 전술과 전략에 적합한 팀을 구성한다.
- 실행자형: 직관에 따라 행동한다. -『유머로 리드하라』 중에서

필자가 제시하는 리더형은 이렇다.

- ☺ 유머형: 재미와 웃음으로 삶의 목표를 정하는 리더.
- ☺ 오픈지갑형: 입은 닫고 지갑은 여는 인기 만점 리더.
- ☺ 뒷감동형: 당사자가 없는 곳에서 늘 칭찬을 아끼지 않는 리더.
- ☺ 경청형: 상대의 의견을 잘 듣고 존중하는 리더.
- ☺ 오픈카형: 달릴 때는 시원하게 달리고 목적지를 준비하는 리더.
- ☺ 섬김형: 가까운 사람일수록 더욱 예의를 갖추는 매너의 리더.

판다 리더자의 조건

나는 어디에 해당할까? 체크해 보자.

❀ 회식 자리에서 본인 주위로 사람들이 모인다.

❀ 회의 시간에 유머로 시작한다.

❀ 직장에서 하루에 세 번 이상은 웃는다.

❀ 규칙을 준수하되 자율성을 격려한다.

❀ 점심시간을 이용하여 더 많은 사람들과 함께하려고 노력한다.

❀ 노래방에서 분위기를 유도한다.

❀ 상대의 이야기에 경청을 잘한다.

❀ 술자리 게임 세 개 정도는 늘 할 수 있다.

❀ 주말에는 가족들과 여가 생활을 한다.

❀ 노래방 기기 없이도 노래 한두 곡은 거뜬히 한다.

❀ 직장 동료뿐만 아니라 여러 부류의 사람들과 잘 어울린다.

- 타인의 생일을 기억하고 챙겨 준다.

- 퇴근 후에는 회사 일을 집으로 가져오지 않는다.

- 당사자가 없는 자리에서도 늘 칭찬을 아끼지 않는다

- 업무 실적도 중요하지만 그보다 인간관계를 더 중시한다.

- 언제든 써먹을 수 있는 유머가 다섯 개는 된다.

- 미소가 트레이드마크이다.

- 자주 연락을 하고 안 좋은 일에는 꼭 찾아본다.

리더의 말모이

다음 중 5가지 이상에 해당되면 그대는 단디(Dandi) 리더자. 단디(Dandi)는 스페인어로 '멋쟁이'를 뜻한다. 단디 리더자는 상대의 말을 들어 주는 것만으로도 그의 존재를 인정하며 배려한다. 자신의 이야기에 귀 기울여 듣는 자에게, 사람들은 마음을 열게 되어 있다.

미소, 당기소

초두효과(Primacy Effect)란 첫인상이 좋으면 뒤에 나쁜 인상을 주는 단서가 나와도 무시해 버리는 경향이 있는 것을 말한다.

앨버트 메리리언 교수는 첫인상에 체형, 표정, 옷차림, 태도, 제스처 등 외향적인 요인이 55%, 목소리 등 청각적인 요소가 38%, 말의 내용은 고작 7%의 영향을 미친다고 발표했다. 첫인상을 결정짓는 데 비언어적 요소가 90% 이상을 좌우하는데, 호감·비호감이 3초 사이에 결정된다고 한다.

지금 당신은 미소 짓고 있는가? 미소의 반대말은 '당기소'. 當氣笑, 즉 "웃음과 함께 당신의 좋은 기운이 온다."라는 뜻이다. 그 미소가 상대에게 전해서 반대로 당기소가 화답한다.

리더의 말모이

아침 출근 준비를 하고 거울에 미소를 남기고, 이동하는 차 안에서 미소를 전하고, 퇴근 시 직원들에게 미소를 선물하라.

이렇게 화난 얼굴보다는 환한 얼굴은 누구에게 좋을까? '바로 나'다.

소통의 기술

　세 명이 수다를 떨고 있는데 한 명이 먼저 자리를 뜨면 그때부터 떠난 사람의 이야기가 시작된다는 말이 있다. 말투는 그 사람의 인격을 나타내는데, 먼저 떠난 사람을 어떻게 말하느냐에 따라서 그 사람의 인격을 가늠하게 된다.

리더의 말모이

첫째, 긍정적이고 진솔하게 말하자

매사에 긍정적으로 말하는 사람들 곁에 있어라. 실수를 남의 탓으로 돌리느냐 아니면 그 실수를 경험으로 삼아 지혜롭게 그런 실수를 다시 하지 않느냐는 그 사람의 말에 달려 있다. 자신의 숨기고 싶은 과거를 당당하게 말하는 사람은 상대의 흠을 감싸 줄 수 있다. "너를 생각해서 하는 말인데…" 로 시작하는 이야기 중에는 대체적으로 기분 좋은 이야기가 없다. 부정을 결론으로 시작하는 경우가 대부분이다.

둘째, 현재를 기준으로 말하라

"회사 입구가 너무 깨끗해서 신발을 벗고 들어와야 하나 한참을 고민했어요."

"어제 보너스 날이었나요? 직원들의 얼굴이 너무 밝아요."

"특별히 피부 관리를 받으시나요? 아니면 방부제를 드시나요? 피부 톤이 너무 좋아요."

대화를 시작할 때는 현재의 기준으로 시작하라. 가장 쉬운 대화법은 날씨로 시작하는 것이다.

"날씨가 너무 화창해요. 그런데 여기 오니 그 이유를 알겠어요. 사장님 얼굴이 너무 화창해서 더 그런 것 같아요." 이러면 대체적으로 피식 웃는다. 이때

"특별히 피부 관리를 하시나 봐요?"

라 말하며 한 발짝 더 들어간다.

"역시 성공하는 사람은 자기관리가 철저한 분들이더라고요. 저도 그 비법 좀 알려 주세요."

그렇다면 만일 날씨가 흐리거나 비가 올 때는 어떤 방법을 써야 할까?

"오늘 비가 많이 오네요. 비 오는 날 이사를 하면 부자가 된다고 하던데, 저도 사무실에서 이곳으로 제 몸을 이사했으니 부자가 되겠네요?"

이런 너스레를 떨면서

"사장님은 돈도 부자이시지만 마음은 더 부자이신 거 같아요. 이런 귀한 시간을 저에게 허락해 주셨으니까요."

라고 한 발짝 더 들어간다.

셋째, 상대를 먼저 파악하라

소통하고자 하는 상대의 이름, 직업, 취미, 성향, 관심사, 운동, 좋아하는 술의 종류, 좋아하는 색, 노래 십팔번 등 상대를 먼저 파악하라. '지피지기면 백전백승'이라 하지 않던가.

필자는 농협주부대학에 연 100회 정도의 강의를 다닌다. 섭외를 받으면 강의하는 조합의 조합장 인사말부터 조직도, 특산물, 조합원 수, 농가모임의 성격, 산악회 구성, 근래 이슈가 되었던 자랑거리, 전

년도 실적 등을 파악하여 조합장님의 이름으로 삼행시를 만들어 가는데, 거의 120%의 효과가 있다.

☺ 넷째, 상세하게 전화번호를 입력하라

명함을 받으면 이름만 입력하는 게 아니다. '김욱경 상무님 상주 미소가 아름다운 다이어트' 축협에 상무님으로 계신 분이다. 웃음이 호탕하고 탄수화물(밥)을 안 먹고 다이어트 중 이신 분이다.

그리고 처음 만난 후 다음 날 꼭 문자를 남긴다. '만나 뵙게 돼서 영광이었어요.'라고 조금은 아부 섞인 멘트라도 문자로 보내니 낯간지럽지 않다. 그러나 문자를 받은 분은 대우를 받는 느낌이라 효과가 꽤 좋다. 구체적으로 입력을 해 놓으면, 다음번 만남에서는 친밀도를 더 높일 수 있다.

효과적인 말하기

미끼가 될 만한 이야기를 먼저 해서 흥미를 끈 다음,
논론으로 들어가는 방법이 효과적일 때가 있다.
'들었어?' '이건 대박이야!' '빅뉴스다.' '완전 대박!'

말 다이어트

코미디언 이주일의 주례사.

"신랑, 신부 내가 무슨 말할지 알지?"

"예."

"주례 끝!"

몸 다이어트는 건강에 좋고
말 다이어트는 분위기에 좋다.

자기소개를 타인에게 각인하는 유머스피치

"숙성된 목소리로 행복을 전하는 가수 숙행입니다."

〈미스트롯〉에서 숙성된 목소리로 자신을 소개한다.

"부산갈매기, 부산갈매기, 부산사나이 강태관입니다."

〈미스터트롯〉에서 판소리 장원으로 군 면제까지 받은 실력파 음악인의 자기소개다.

사회생활을 하게 되면서 동호회 등 여러 단체 모임으로 자신을 알려야 되는데, 쭈뼛쭈뼛하면서 기회를 놓칠 것인가 아니면 찾아온 기회를 나만의 찬스로 만들 것인가는 30초 안에 결정된다.

❀ 자신의 간판을 만들자

가인, 송가인이~어라~' '붊이에요!' '생고기, 뭉티기 육희예요.' '남해에서 동해에서 철든 남자, 남
동철입니다.' '동석하고픈 김동석입니다.' '미모 담당 화장발 김미화입니다' '정도령 도현입니다.' '봉
화 올리고 영주로 자리 잡은 김점곤입니다.' '탤런트 미남 김승수, 저는 대구 미남 김성수.'

❀ 나를 상품화하라

"안녕하세요? 32살이에요. 20살은 무거워서 집에 두고 왔어요. (이상국)입니다." 생각이 나지 않
으면 이렇게 출발하라. 90% 먹힌다.

말을 잘한다는 것

10번 듣고 2번 말하라.

추임새로 "헐, 대박, 진짜, 부럽다"를 넣으면서….

말을 잘한다는 것은 내 얘기를 하고 싶은 욕구를 참고,

상대가 하고 싶은 말을 할 수 있도록 배려하는 것이다.

리더의 말모이

❀ 주인공이 되고 싶은 욕구를 참아라

주도권을 잡지 말고 서로를 이어 주는 다리(Brige)가 되자.

❀ 귀가 아닌 마음으로 들어라

대화를 나누다 보면 상대의 이야기에 집중하지 않고 딴청을 부리거나 주제와 전혀 맞지 않은 이야기로 가는 사람들이 종종 있다. 대체적으로 그런 부류는 산만하다.

:> 소외되는 이가 없도록 신경 써라

목소리가 크거나 행동이 큰 사람이 있으면 배려심이 많은 사람은 소외되기 쉽다. 잘 챙겨야 한다.

:> 친절함으로 대하라

높고 낮음이 없으며 직업의 귀함과 천함도 당연히 없다. 그러니 모든 사람에게 친절함으로 대하라.

장단

판소리는 장단이 중요하다. – 추임새

말의 장단은 조화로워야 한다. – 단음, 장음

 리더의 말모이

🕸 **단음과 장음**

말이 말~을 한다.

밤에 밤~을 구워 먹었다.

배를 먹으며 배~에 탔다.

사과를 주면서 사과~를 했다.

앞이 단음, 뒤에 나오는 단어를 장음으로 처리하면 표현이 쉽다.

🕸 **동음이의어**

"할 말이 없네. 나는 해 줄 말이 없는데…."

"밤에 먹은 밤은 군밤일까? 꿀밤일까?"

소리는 같으나 뜻이 다른 단어를 활용하여 조크를 만들 수 있다. '눈, 차, 배, 밤, 벌, 비, 말, 팔, 다리, 김, 절, 풀' 등을 활용하여 문장을 만들어 보자.

모방의 힘

찰리채플린이 지방 여행 중에 소도시에서 찰리채플린 흉내 내기 대회가 열리고 있어서 장난삼아 참가를 했다.

1등을 했느냐고? '아니다'. 자신보다 더 흉내를 잘 낸 사람이 있었다고 한다. 찰리채플린은 2등을 하고 1등을 한 사람에게 사인을 받고 사진도 찍었다고 한다.

리더의 말모이

유행어도 따라 하고 성대모사도 하고 표정이나 노래 연습도 해 보라. 세상에 완벽한 창조는 없다. 모방이 창조의 출발점이 되는 것이다. 재미있는 화술을 하고 싶다면 모방하라.

'아아 – 아이스아메리카노'

'나일리지 – 나이 + 마일리지'

'애빼시 – 애교 빼면 시체'

'갑분싸 – 갑자기 분위기가 싸늘해짐'

'인싸 – insider'

'가싶남 – 가지고 싶은 남자'

'리말사 – 리더의 말모이 사전'

스피치에서 가장 나쁜 버릇

스피치에서 가장 나쁜 버릇 중 하나가 했던 말을 반복해서 하는 것이다.

"다시는 말 안 하려고 했는데… 마지막으로.… 덧붙여서… 그러니까 그게…."

말을 듣는 사람이 하나둘씩 고개를 숙이거나 핸드폰을 만지기 시작한다면, 당신의 말은 아주 재미도 없고 무지하게 길다는 것이다. 뻔히 알고 있는 사실을 반복해서 길게 하는 연설을 좋아할 청중은 없다

리더의 말모이

직원들에게 꼭 전하고 싶은 말이 있으면 장문의 편지를 프린트를 해서 나눠 주거나 단톡방이나 게시판을 통해서 장문의 편지를 써라. 아니면, 영상을 찍어도 좋다.

그런데, 걱정 마라. 그들은 볼 생각이 없으니 굳이 잘 찍을 필요가 없다.

몸 풀기 멘트

필자는 소개를 받고 강단에 서면 미소를 띠고 가만히 서 있는다. 10초 정도 숫자를 세면서 가만히 있으면, 어느 틈엔가 조용해지고 나에게 집중하기 시작한다. 그때,

"강사가 무대에 나와서 이렇게 불안 증세를 보이면 박수와 환호로 응원해 주는 걸 우리는 매너라고 배웠습니다."

라고 너스레를 떨면 큰 박수와 환호가 나온다.

"박수의 크기만큼 열정적으로 강의하겠습니다."

라고 하면 다시 한 번 더 호응해 준다.

리더의 말모이

말하는 내용의 가치를 높게 부여하고 싶다면 집중을 요하는 몸 풀기 멘트를 먼저 시작하라.
"지금부터 중요한 말을 하겠습니다."
"하나라도 놓치면 후회할지도 모릅니다."
"여기에서만 하는 이야기인데요."

유머스피치를 위한 여섯 가지 비결

웃음은 신이 우리에게 주신 선물이고 유머는 내가 다른 사람에게 주는 선물이다. 유머를 잘한다는 것은 곧 성공하는 습관과 유사하다.

리더의 말꼬이

첫째, 결과가 아니라 과정을 중시하라

타고난 게 아니라 연습의 결과이다. 뽀빠이 이상용은 200권이 넘는 유머노트를 가지고 있으며 매일 다섯 개 이상의 유머를 외운다고 한다. 그리고 실패를 두려워하지 마라. 욕먹고 비난받을 각오로 도전해야 한다. 실패자는 남에게서 원인을 찾으려 하고, 성공하는 자는 실패를 경험으로 더 많은 연습과 도전의 결과로 자신에게서 그 원인을 찾아낸다.

만두가 왜 만두인 줄 알아?

'모를 만두 하지.'

수박이 왜 수박인지 알아?

'모를 수밖에.'

이런 아재 개그를 하면 많은 사람에게서 비난과 비평 그리고 야유가 온다. 그러나 그것마저도 즐겨라. 상대의 기대치를 완전히 떨어트려 놓는 것도 아주 좋은 방법이다. 그리고 많은 총알(유머)을 준비하라.

둘째, 내 편으로 만들어라

다른 사람이 유머를 하면 무조건 박수를 치면서 크게 웃어 줘라. 잘 웃어 주면 상대는 더 재미있는 이야기보따리를 풀어놓는다.

술집에 들른 임 사장은 마담에게 부탁이 있다며 웨이터를 찾는다. 마담은 무슨 부탁인지 궁금해 하면서 웨이터를 불렀다.

임 사장이 웨이터에게 오늘 아주 귀한 손님을 모시고 왔으니 잘 부탁드린다는 말과 함께

"주차장 내 승용차 트렁크에 보따리가 두 개 있는데, 왼쪽에 있는 건 돈 보따리이고 오른쪽에 있는 보따리 좀 갖다 주게나!"

마담이 만면에 미소를 띠고

"사장님, 무슨 보따리인데요? 응!"

"응, 웃음보따리."

아주 과한 리액션으로 웃어 줘라. 그러나 자신이 유머를 하고 크게 웃는 오류는 범하지 마라. 상대가 유머를 할 때 반응을 보이면 많은 자료를 수집할 수 있고, 상대도 나의 유머에 집중한다.

셋째, 연기자가 되라

코미디언은 종합 예술인이다. 말 그대로 만능엔터테인먼트이다. 연기, 노래, 춤, 퍼포먼스, 무대 매너 등 여러 가지를 잘해야 한다. 유재석, 강호동을 보라.

"상국이네 집이죠?"

"몇 번 거셨어요?"

"한 번 걸었는데요."

이 짧은 유머에도 다양한 연기가 필요하다. 전화기를 거는 듯한 몸짓, '몇 번 거셨어요?'라고 묻는 의문형 대사, 그리고 아무렇지 않은 듯 '한 번 걸었는데요.' 무심히 던지는 말투와 거는 사람과 받는 사람의 1인 2역을 소화해 내야 한다. 우리가 평상시 행동하는 유형을 잘 관찰하고 철저히 무대의 연기자가 되라.

✲ 넷째, 짧아야 살린다

길게 하면 소설이 된다. 내용이 길어지면 감성으로 받지 않고 이성으로 판단하여 분석하기 시작한다. 재미있는 유머를 듣고 싶은 것이지, 다큐멘터리로 그 사람의 인생을 알고 싶은 게 아니다.

✲ 다섯째, 고정관념을 버려라

"아빠, 흰 머리카락은 왜 생기는 거야?"

"아들아, 네가 속을 썩일 때마다 생기는 거야. 속 좀 그만 썩여!"

아들이 근심어린 표정으로

"그래서 할머니 머리가 하얗구나!"

유머는 고정관념을 깨는 것이다. 다른 생각, 다른 행동으로 보는 습관을 들여야 한다.

✲ 여섯째, 일상생활에서 소재를 찾아라

대구에서 가장 큰 아파트는 '만평아파트'(북구에 위치한 만평로타리 근처)

모텔은 많은데 숙박이 안 되는 역은 '대실역'

대구에 위치한 바다가 있는 역은 '해안역'

대구에서 가장 높은 산이 있는 역은 '고산역'

일상에 가장 많은 스토리가 있다. 저자생존, 즉 '적는 자만이 살아남는다'. 바로 적어서 써먹어라.

民

민 民

사람, 삶

우연한 일로 사람이 오지만
사소한 일로 좋았던 사람도 떠난다.

원하는 것이 있다면

한 친구가 영화관에 취직을 했다.

은행에 다니는 녀석이 들뜬 목소리로

"친구야, 이제 영화는 공짜로 볼 수 있겠다. 공짜로 보여 줄 거지?"

그러자 영화관에 취직한 친구가 은행 다니는 친구에게

"너 은행 근무하지?"

"응."

"공짜로 돈 좀 줘라."

리더의 말모이

사람은 누구나 자기를 알아줄 때 마음의 문이 열립니다.
나를 인정해 달라고 떼쓰기보다 상대를 먼저 인정해 주세요.
"당신의 입장을 이해합니다."
"아주 특별한 일을 하고 있군요."
"행복바이러스가 넘치네요."
원하는 것이 있다면 상대의 감정을 흔들어야 합니다.

배우자의 유형

무식하면서 무식을 모르는 자는 바보 — 피하라

무식하지만 무식함을 아는 자는 단순하니 — 가르치면 된다

유식하면서 유식함을 모르는 자는 잠을 자니 — 깨우라

유식하면서 유식함을 아는 자는 현명하니 — 따르라

돈도 잘 벌고 힘도 좋고 유머도 있다 — 금상첨화

돈은 잘 버는데 늘 처져 있고 말이 없다 — 유명무실

돈도 못 벌고 힘도 없고 늘 불평이 많다 — 설상가상

돈은 못 버는데 힘도 좋고 긍정적이다 — 천만다행

리더의 말모이

　부부를 서로에게 '배우자'라 호칭하는 이유는 서로에 대하여 끊임없이 연구하고 알아 가면서 서로에 대하여 배우자라는 것이다.

상대의 이야기

상대의 이야기에 집중하지 않고 자신의 이야기에 열을 올리는 사람이 있다. '이번에 유럽을 여행했는데~', '내가 누굴 만났냐면~', '내 친구가 있는데 개가 어떠냐 하면~' 이렇듯 일방적으로 자기 이야기를 하는 사람은 경계해야 한다.

리더의 말모이

"어떻게 지냈어?"
"얼굴 좋아졌네. 좋은 일 있었어?"
"어떻게 그 일은 잘 마무리됐어?"

세상에서 가장 행복한 쥐

장군은 부하들에게 작전에 임하는 자세에 대하여 지시하고 있었다.

"우리와 맞서는 적도 많지 않다. 1 대 1이라는 각오로 반드시 한 사람씩 죽인다는 굳은 각오로 싸워야 한다."

그때 한 병사가

"장군님, 저는 두 놈의 적을 맡겠습니다."

그러자 옆에 있던 병사가 손을 번쩍 들면서 하는 말.

"그렇다면 저는 집으로 가겠습니다!"

리더의 말꼬이

세상에서 가장 아름다운 쥐는 ? '바로 너쥐'

그래서 행복한 쥐는? '바로 나쥐'

더불어 행복한 쥐는? '우리쥐'

아침에 눈을 뜨면 '오늘은 단 한 사람에게만이라도 웃음을 주어야겠다'라는 마음을 먹고 행동하라.

타인을 의식하지 말자며 생각만 하고
혹시 내 인생이
타인의 시선에 맞춘
행동을 하진 않았는지
살펴라~

다음에

수많은 사람들이 스피치를 잘하지 못하는 이유 중 하나가, 기회가 왔을 때 "저는 좀 빼 주세요, 다음에 할게요. 제가 말을 잘 못해서…."라며 스스로 황금 같은 기회를 놓치기 때문이다.

장이 서면 물건을 내놓고 장이 파하면 물건을 창고에 보관하라는 말이 있다. 기회가 오면 주저하지 말고 도전하라! 경험만큼 위대한 스승은 없다.

다음이라는 친구가 있었다. 그 친구는 무조건 '다음'이다.

인사말을 부탁합니다. "다음에"

덕담 한마디 해 주세요. "다음에"

자기소개 부탁합니다. "다음에"

그 친구가 몸이 아파서 병원에 갔는데, 의사가 "운동도 하시고 약도 꼬박꼬박 챙겨 드세요."라고 말했다. 그러자 그는 "다음에"라는 말을 남기고 하늘나라로 유유히 떠났다.

"제가 한번 해 보겠습니다."

"기회를 주셔서 감사합니다."

"기다리고 있었습니다."

자신감을 가지고 도전해라.

복권에 당첨되려면 가장 먼저 복권부터 사야 한다.

나다움

〈한끼 줍쇼〉라는 예능 프로그램에 이효리가 출연했을 때, 이경규가 초등학생에게 인터뷰를 했다.

"너는 커서 뭐가 될 거야? 꿈이 뭐니?"

머뭇거리고 있자, 이경규가

"훌륭한 사람이 되어야지. 착한 사람이 되어야지."

라고 모범답안을 제시하자, 옆에 있던 이효리 왈.

"착~한~사~람? 그냥 너 하고 싶은 것 하면 돼!"

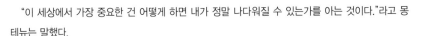

리더의 말꼬이

"이 세상에서 가장 중요한 건 어떻게 하면 내가 정말 나다워질 수 있는가를 아는 것이다."라고 몽테뉴는 말했다.

스피치에도 각자의 색깔이 있다. 유머로 웃음을 주는 사람, 마음으로 감동을 주는 사람, 표현으로 이해력을 도우는 사람, 목소리로 감성을 터치하는 사람, 익살로 분위기를 유도하는 사람….

그런데 이것도 자신 없고 저것도 자신이 없다면?

잘 들어라. 잘 듣는 사람이 가장 스피치를 잘하는 사람이기도 하다. 당신의 장점을 살려라.

뭐하게요?

부자 돼서 뭐하게요?
성공해서 뭐하게요?
권력 잡아서 뭐하게요?

리더의 말모이

뭘 한 것인지!
답을 알아야 삶이 풍요로워진다.

주제 파악

주제 파악을 못 하면 어디를 향해 가는지 모른다.

성춘향이 이몽룡과 사랑이 깨지자, 인당수에 몸을 던졌다.

이에 격분한 을지문덕 장군이 도시락 수류탄을 카바레에 던졌다.

이때 카바레에서 춤추고 있던 심 봉사가 눈을 번쩍 뜨며 하는 말, "나는 공산당이 싫어요."

이런 게 횡설수설이다.

리더의 말모이

우리가 산수를 배우는 것은 분수를 알고자 함이고, 국어를 배우는 것은 주제 파악 좀 하자는 뜻이다.

공자 왈 "군자는 자신에게서 구하고 소인은 남에게서 구한다."라고 했다. 자신에게 맞는 그릇과 위치, 그리고 성격이나 능력을 잘 파악하라. 누구에게나 장점과 재능이 있다.

"성공은 성공시키고 포기는 포기시키자."

"역경은 경력으로 받고 수고하지 않으면 고수가 될 수 없다."

나부터

  환경을 바꾸자. 교육열로 강남이나 대구 수성구로 이사를 가는 것은 공부 잘하는 사람들과 어울리면 자연히 공부를 하게 되고 부자들과 어울리면 정보를 공유하고 그들의 성공담을 교류하면서 부자가 될 확률이 높아지기 때문이다.

  주변 환경을 바꾸자. 만나면 불평, 불만으로 만남의 시간을 허비하는 사람, 과거에 집착하여 과거에 머물러 사는 사람, 남의 험담만 하는 사람…. 그런 사람들과는 가까이하지 마라.

리더의 말모이

미래를 이야기하는 사람

긍정적이고 도전적인 사람

감사와 배려가 있는 사람

끊임없이 배움을 채워 가는 사람

예쁜 말을 하는 사람

나부터 바뀌면 주변은 자연스레 그리 만들어질 것이다.

가면

혹시 당신의 마음에 가면을 쓰고 있지 않습니까?

- 다른 사람이 나를 보고 (   )살 정도로 보인다고 합니다.
- 나의 몸은 (   )살 정도의 사람과 같다고 합니다.
- 나의 사고방식과 관심은 (   )살 정도의 사람과 같다고 합니다.
- 나의 사회적 지위는 (   )살 정도의 사람과 같습니다.
- 느낌으로 나는 (   )살 정도의 사람이라고 느껴집니다.

대답의 일관성이 있는 사람은 외형이나 몸, 그리고 느끼는 방식이 실제의 연령과 일치하며, 일관성이 있는 삶의 방식을 취하고 있는 사람이라고 말할 수 있다.

그러나 대답이 제각기 다른 사람은 있는 그대로의 나와는 다른 나를 만들고 싶어 하는지도 모른다. -『칭찬화법』중에서

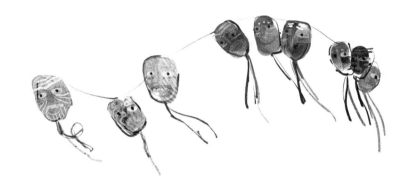

본래의 나를 이야기하라. 내면이나 외형이든 자신의 나이에 걸맞는 이야기나 행동이 가장 설득력 있다.

태어날 때부터
특별한 사람은 없다
특별하게 살아가는 사람만이 있을 뿐이다.

남자의 사명감

어두컴컴한 공원 벤치에서 청춘 남녀가 사랑을 속삭이고 있었다.

때마침 모기 한 마리가 여자의 치마 속으로 들어갔다.

모기는 어디를 물었을까요?

정답은 '남자 손'.

리더의 말끝이

모기에게 피를 내어 주면서까지 여자를 지키는 희생정신(?)으로 뭉친 게 바로 남자입니다.

남자의 비애

20대는 센 척

30대는 잘하는 척

40대는 피곤한 척

50대는 자는 척

60대는 아픈 척

70대는 죽은 척

리더의 말꼬리

누구나 외롭고 힘들지만 아닌 척하며 살아갑니다.

"넌 멋있어, 그럴 자격 있어."

"내가 너라도 그랬을 거야."

"울어도 돼, 난 매일 울어."

"아프지 않은 것만 해도 고마운 거야."

"너를 모르는 녀석들이 바보야."

나의 기도

향수를 많이 쓰기보다 향기 나는 입술을 가진 사람

실망을 주는 사람보다 신망을 주는 사람

말하기 잘하는 사람보다 듣기를 잘하는 사람

잔머리를 굴리기보다는 잔잔하게 마음을 쓰는 사람

정력을 내세우기보다 정열을 앞세우는 사람

배 채우는 데 시간을 보내는 사람보다는 지혜를 채우는 사람

책잡히기보다는 책을 늘 곁에 두고 읽는 사람

으리으리한 차보다는 의리로 곁을 지키는 사람

지적을 하기보다는 지적 수준을 높이는 사람

유행을 따라가기보다 유머로 상대를 웃게 만드는 사람

리더의 말모이

타고난 게 없으면 연습하고, 가진 게 없으면 경험하고, 배운 게 부족하면 갈구해야 한다.

리더의 하루

잠에서 깨어 하루를 맞이할 수 있음에 감사 인사를 하고, 몸을 깨끗이 씻어 새로운 만남에 준비를 하고, 거울을 보면서 스타일을 맞춘다.

'스타일의 완성은 스마일이라는 사실을 잊지는 않았겠지?'

출근 시간은 대중교통을 이용하여 검색이 아닌 독서를 통한 사색의 시간을 가지며 여의치 않을 때는 즐거운 노래로 하루를 위한 흥(興) 시동을 천천히 건다.

사람을 만날 때는 얻기 위한 만남이 아니라 주기 위한 만남이 되게 하고, 심심할 때를 대비하여 악기 하나 정도는 다룰 수 있는 취미를 가지며, 하루 30분 이상은 걸어서 늘 전진하는 자세를 보인다.

　메모를 통한 기억력의 퇴보를 막아 주시어 생각이 생각으로 머물지 아니하고 행동으로 전달되게 하시며, 넘어졌을 때 주저앉아 슬퍼하기보다 다시 일어나는 용기를 가지게 하시며, 시간을 아껴 쓰는 습관을 가지게 하고, 가까운 친구와 쓸데없는 대화로 알맹이 없는 웃음일지라도 스트레스를 날려 주시고, 쓴 소주 한 잔이라도 내가 계산하는 영광을 주시고, 혹여 사는 게 지쳐 갈 때 '너 정도면 괜찮아. 나야, 내!'라고 당당히 말할 수 있게 해 주세요.

늑대의 삶

남자는 다 늑대라며 독신주의자로 살겠다고 한 여자가 있었다. 그런데 그런 그녀가 어느 날 결혼 청첩장을 돌리는 것이었다.

오랫동안 알고 지내던 동생이 물었다.

"언니, 남자는 다 늑대라며?"

그러자

"늑대도 먹어야 살지!"

리더의 말모이

늑대의 삶

- 약한 상대가 아닌 가장 강한 상대를 선택하여 사냥을 한다.
- 음식은 아내, 자식들에게 먼저 양보한다.
- 평생 한 마리의 암컷과 사랑을 한다.
- 자기 암컷과 새끼를 위해 목숨을 걸고 싸우는 유일한 포유류다.
- 독립한 후에도 종종 부모님을 찾아가 인사를 한다.

말그릇

감투는 그 사람의
지위나 권위를 뜻하지만
말투는 그 사람의 인격을
나타낸다.

이 세상의 많은 '물'들

여자들이 좋아하는 물은 '선물'

정치인이 먹어서는 안 되는 물은 '뇌물'

논밭에서 나오는 물은 '곡물'

귀한 대접을 받는 물은 '보물'

어느 누구나 한 가지 이상 가지고 있는 물은 '허물'

널리 알리기 위해 뿌리는 물은 '홍보물'

결혼 전에 보내는 물은 '예물'

"나를 물로 보는 거야?"

그런데 물이 없는 세상을 상상해 보라.

늘 가까이 있다고 그 귀함을 알지 못하면 없어진 후에 후회한들 무슨 소용이 있겠는가. 가까이 있는 것들에 대하여 그 귀함을 잊지 말아야 한다.

누군가와 가까워질수록 우리는 상대가 '남'이 아니라 나의 소유물처럼 여기는 습성이 있다.

"내 맘 같지 않아도 괜찮아."

"너는 그 존재만으로도 충분해."

"옆에 있어 줘서 고마워."

낙하산과 얼굴의 공통점

낙하산과 얼굴의 공통점은 펴져야 산다는 것이다.

표정과 마음은 하나이고 마음과 행동도 하나이다.

낙하산은 펴져야 원하는 곳에 내릴 수 있고,

얼굴도 펴져야 상대의 마음에 다가갈 수 있다.

리더의 말꼬이

표정이 밝아지면 마음이 밝아지고 행동이 밝아지고 인생이 밝아진다.

말할 수 있을 때

사소한 말다툼을 하다가 남편이 아내에게 쫓겨났다.

"당신 같은 사람과는 못 살아, 당장 나가!"

"나가라면 못 나갈 줄 알고?"

남편이 문을 박차고 나갔다.

그리고 30분 후 남편이 다시 돌아와서 하는 말.

"내게 가장 소중한 걸 두고 나왔어. 챙겨 갈게."

"그게 뭔데?"

"바로 당신!"

리더의 말꼬미

말하고 싶어도 하지 못하는 현재에 사는 사람은 '왜 안했을까?' 그때를 후회한들 아무 소용없다는 것을 뼈저리게 느낀다.

"너밖에 안 보여!" "항상 널 지켜 줄게." "언제나 네 곁에 있을게."

'경비 아저씨' 오행시

회사를 성장하게 하는 것은 정문을 지키는 경비 아저씨의 미소에서부터 시작한다. 직원들의 사기를 북돋아 주는 것은 사내식당 요리사의 정성과 사랑이다.

경 : 경비를 선다.

비 : 비가 와도 선다.

아 : 아침에도 선다.

저 : 저녁에도 선다.

씨 : 씨~발 할 때는 안 선다.

리더의 말모이

늘 묵묵히 자신의 위치에서 최선을 다하고 계신 직원 한 분 한 분에게 진심으로 감사의 인사를 드립니다. 아니, 경비와 주방이 용역이라고요? 그럴수록 더 챙기세요. 용역일지라도 내 집에 오면 내 식구입니다.

"당신 덕분에", "한결같은", "믿고 쓰는 거예요.", "당신이 아니면 안 될 거예요."

충고

설교 시간에 한 성도가 계속 잠을 자고 있었다.

목사가 화가 나서 옆에 있는 성도에게 말했다.

"옆에 잠든 성도들 좀 깨우세요!"

이 말은 들은 성도가 투덜거렸다.

"아니, 누가 재워 놓고 누구한테 깨우래!"

리더의 말꼬이

충고 듣지 않으려는 자, 남에게 충고만 잘한다.

망원경은
멀리 있는 아름다움을 크고
선명하게 보고

사람은
희망이 얼마나 크고
선명하느냐에 따라
미래가 보인다.

변해야 산다

변해야 산다.

그렇다. 사람은 아침마다 '변'을 해야 살 수 있다.

동창회에서 오랜만에 만난 고향 친구에게 안부를 물었다

"야, 너 요새 무슨 일하냐?"

"나? 그냥 전에 하던 일 계속하고 있지, 뭐!"

"전에 뭘 했는데…?"

"놀았잖아."

리더의 말모이

옛날에는 꾸준함이 이겼지만 이제는 변해야 산다.

배는 부두에 있을 때 가장 안전하지만,

배를 만든 목적은 거친 바다로 나아가는 것이다.

연습의 중요성

스님과 신부님 그리고 목사님이 골프를 즐기고 있었다.

목사는 슬라이스가 나고, 어쩌다 맞으면 OB가 나는 것이었다. 화가 난 목사님이

"정말 더럽게 안 맞네, 18!"

그런데 이번에는 잘 맞은 공이 물에 빠져 버렸다.

"맞아도 엿 같네. 조카 18색 크레파스다!"

그러자 신부님이

"하느님을 믿는 목사가 욕이 너무 심합니다. 하느님, 벌을 내려 주세요."

이렇게 기도를 드렸다. 그러자 갑자기 마른하늘에 벼락을 치더니, 스님이 번개에 맞아 쓰러지고 말았다.

깜짝 놀란 신부가

"하느님, 욕은 목사가 했는데 왜 스님에게 번개를 때리세요?"

그러나 하느님이 하는 말.

"오늘 열라 안 맞네!"

골프의 타수는 연습과 비례한다. 스피치도 마찬가지다. 연습과 비례한다. 따라서 혀에도 식스팩을 만들어야 한다.

"간장공장 공장장은 강 공장장인가 장 공장장인가.

경찰청 쇠창살은 쇠철 창살인가 헌철 창살인가.

법무부 법학박사는 박 법학박사인가 법 법학박사인가.

어제 그린 기린 그림은 내가 그린 기린 그림인가 네가 그린 기린 그림인가."

연습이 처절할수록 무대에서 더 큰 빛을 발할 수 있다.

인생과 화투의 닮은 점

- 먹Go, 싸Go , 자Go
- 버리는 순서를 정해야 한다.
- 상대가 있어야 재미있다.
- 내가 원한다고 다 되는 건 아니다.
- 때로는 죽을 때도 필요하다.
- 한 번쯤은 행운이 온다.
- 업신여기는 것들도 쓰임새가 있다.
- 무모하게 덤비다 독박 쓸 수 있다.
- 멈출 때를 놓치면 게임에서 내려와야 한다.
- 많은 시간을 투자해도 허무하게 끝난다.

리더의 말모이

선택과 집중이다. 내가 부족하면 능력이 있는 사람을 가까이에 두면 되고, 자신이 강하면 끝까지 끌고 갈 수 있는 인내력을 갖춰야 한다.

기회의 문을 열어라

대박을 꿈꾸는 청년이 1,000일 동안 기도를 했다.

"하느님, 한 번만 로또에 당첨되게 해 주세요."

정성이 갸륵하면 하늘도 감동한다고 했던가?

기도를 시작한 1,000일이 되는 날, 드디어 하느님이 꿈에 나타나서 한마디 했다.

"야, 인마! 복권부터 사고 이야기해."

리더의 말모이

그 사람에게 대하여 알고 싶다면 기다리지 말고 먼저 다가가라. 그리고 먼저 말을 해라. "당신에 대하여 알고 싶어요."라고….

"궁금한 게 있어요."

"먼저 연락해도 되나요?"

"밥 한 끼 해요. 이번 주에 연락드릴게요."

아끼지 마라

물감을 아끼면 그림을 그릴 수 없고,

행동을 아끼면 성장을 만날 수 없다.

웃음을 아끼면 즐거움을 만날 수 없고,

칭찬을 아끼면 인재를 만날 수 없다.

리더의 말모이

노력을,

실패를,

시련을 아끼지 마라.

시련과 실패를 아끼지 말고 당당히 맞서라.

언젠가 행운이라는 녀석이 슬며시 고개를 든다.

인생은
싸우는 게 아니라
버티는 것이다.

쉼표가 필요한 이유

한 남자가 여자 친구의 편지를 읽다가 그만 기절하고 말았다.

왜 그랬을까?

답: 편지에 쉼표와 마침표가 없었다.

음악이 아름다운 것은 음과 음 사이에 쉼표가 있어서래요.

도끼로 고목을 쉽게 넘어뜨릴 수 있는 것은 쉼 없는 도끼질이 아니라, 쉬면서 도끼날을 갈아 주는 것이래요.

"좀 쉬어도 돼. 너무 빨리 달려왔잖아!"

"인생은 마라톤이야 너의 속도에 맞게 뛰어도 괜찮아."

"어깨에 기대어 쉬고 갈래?"

"생각하지 말고 그냥 자."

내 힘들다? 다들 힘내!

신생아부터 대통령까지 힘들지 않은 사람 한 명도 없다.

쉬해서 기저귀 갈아 주나 싶었는데, 기저귀 흡수력이 좋다며 다시 채울 때.

찝찝해서 울고 있으면 '애는 울어야 목청이 트인데!' 하면서 방치할 때.

엄마·아빠 간신히 불렀는데, 할아버지·할머니 하라고 재촉할 때.

힘겹게 한 걸음 걸으면 자기한테까지 오라고 웃으며 손짓할 때.

웃는 얼굴에 쉬한 기저귀로 세수시켜 주고 싶다.

인생, 다 그런 거다. 힘들다!

리더의 말모이

'내 힘들다' 뒤집으면 '다들 힘내'

힘이 드니까 무거운 거 다 내려놓고 보면 '왜 진작 내려놓지 않았을까?' 싶을 때가 있다.

"내가 너의 편이 되어 줄게."

"이 또한 지나갈 거야."

"남을 위해 사는 착한 사람 말고, 나를 위해 사는 좋은 사람 되자."

내일은 분명

1인당 국민소득이 3,000불도 안 되고 전투기가 한 대도 없는 아프리카의 가난한 나라의 경제전문가가 '어떡하면 부강한 나라가 될 수 있을까'라는 주제로 국회에서 발표를 하고 있었다.

그가 과거에 미국과 전쟁을 한 독일, 일본은 모두 부강한 나라가 되었다고 하자 국회의원 한 분이 손을 번쩍 들더니,

"우리도 미국과 한 판 붙어 깨져서 잘 사는 나라를 만듭시다!"

이에 투표가 시작되었는데 결과는 부결이 나왔다. '만약 전쟁에서 미국을 이기면 어떡할 거냐!'라는 고민으로….

살다 보면 걱정거리를 미리 대출해서 이자를 내시는 분들이 많다. 이미 지난 과거의 아픔을 빌려오고 아직 오지 않은 내일의 두려움을 담보로 잡는 사람이 많다. 내일의 행복을 위하여 오늘을 희생하지 말자.

인간이 생각하는 96%는 지난 일, 일어나기 힘든 일. 만약 일어난다면 회생이 불가능한 일 등이라고 한다. 걱정해서 될 일이면 걱정할 필요가 없고, 걱정해서 안 될 일이면 걱정할 이유가 없다.

"내일은 분명 오늘만큼 멋질 거야."

"나는 점점 더 나아지고 있다."

"너를 보면 기분이 참 좋아져. 넌 그런 재주가 있어."

"에너지 넘쳐서 나에게 충전되는 것 같아."

잠시 멈추면 보이는 것

하천에 흐르는 맑은 물

들판에 흐드러지게 핀 꽃

보드블록 사이로 뿌리내린 이름 모를 들풀

옆 집 흰둥이

아파트 정문을 지키는 웃음 좋은 야쿠르트 아줌마

목청 좋은 야채 가게 아저씨

킥보드를 타는 개구진 아이의 활짝 웃는 얼굴

셔터를 올리면서 희망도 올리는 고깃집 사장님

롯데리아 창문가에 수다 떠는 여학생들

이어폰을 꽂은 경호원 복장의 직장인

멍하니 하늘을 올려다보는 구두 가게 삼촌

평소 나에게 행복을 주는,
그러나 그냥 지나쳤던 것들….

멈추어 보세요.
"네가 좋아하는 술은? 좋아하는 음식은? 즐겨 듣는 음악은? 좋아하는 운동은?"
그리고 나 자신에게도 물어봐 주세요.

코로나19가 우리에게 주는 처음이라는 단어

"내 생애 처음으로 이렇게 힘든 경험은 처음이야."

"인위적으로 사람과의 거리를 둔 적은 처음이야."

"하루하루가 이렇게 두려운 건 처음이야."

"늘 막히던 도로가 퇴근 시간에도 뻥 뚫린 건 처음이야."

"고향에 계신 부모님이 집에 오지 말라고 한 건 처음이야."

"좋아하는 사우나를 두 달이나 못 간 것은 처음이야."

리더의 말모이

처음부터 있었던 것은 아닌데, 살다 보니 늘 당연한 것처럼 되어 버린 것이다. '처음'은 리셋(reset)이 아니라 리멤버(remember)이다. 잊지 마라, 소중한 하루하루를….

"지금, 이 순간 함께하시는 분들의 찰나를 기억하겠습니다."

"내 생애 가장 젊은 날 오늘의 젊음을 불태우겠습니다."

"현재를 어떻게 사느냐가 중요합니다. 열정으로 살겠습니다."

일류와 삼류

힘들 때
울면 삼류
참으면 이류
웃으면 일류

삼류도 괜찮으니
시원하게 울게 앞이 보였으면 합니다.

사는 것은 기술

웃는 것은 예술,

행복을 주는 건 마술

마른 잔 속에 채워야 할 술은

술 한 병은 사람이 마시고

두 병은 술이 술을 마시고

세 병은 술이 사람을 마신다.

건배란 '마를 건(乾)'에 '잔 배(杯)', 즉 마른 잔을 채운다는 뜻이다. 마른 잔 속에 채워야 할 술은,

"술술 풀릴 거야. 맥주처럼 시원하게 해결될 거야. 폭탄처럼 대박을 터트릴 거야. 와인처럼 우리는 지금 늙어 가는 게 아니라 익어 가는 거야. 막걸리처럼 너에게 막 끌리네!"

유치한 사랑

아내가 남편에게
"당신 얼굴에 김이 묻었네?
'잘생김'이."

남편의 화답
"칠칠맞게 자꾸 흘리고 다닐 거야?
'아름다움'을."

아내의 반격
"당신의 단점이 뭔지 알아?
'어제보다 오늘이 더' 멋지다는 거야."

남편의 반격

"당신은 구속이야.

'예쁜 게' 죄라면."

아내의 백기

"네가 '짱'먹었다.

얼짱."

사랑할 때 유치(幼稚)하지 않은 사랑 있나요?

사랑이 유치(誘致)해야 행복도 유치할 수 있습니다.

아재 개그

1. 냉면을 먹으러 갔는데 냉면 그릇에 똥파리가 퍼덕이고 있다. 주인장을 불러 "냉면에 똥파리가 있어요, 음식 바꿔 주세요." 그러자 대수롭지 않다는 듯 "얘가 먹으면 얼마나 먹겠어요?"

2. 바나나 먹으면 나에게 '바나나'(반하나)
사과 먹고 먼저 '사과'해야지
막걸리 먹으니 '막끌리네'

리더의 말모이

아재 개그라고 무시하지 마세요.
어이없는 웃음도 웃음이랍니다.
소소한 말장난이 작은 웃음을 주기도 합니다.

잘 죽는 비법

택런트 김수미가 코미디언 이성미에게 물었다. 환갑을 지난 지금의 꿈이 뭐냐고. 그러자 이성미는 대답했다.

"잘 죽는 거요."

"왜?"

"자옥이 언니도 그렇고 두 살 때 엄마와의 이별도 그렇고…."

그러자 김수미가 이렇게 말했다.

"잘 죽는 거? 그건 결국 '잘 사는 거'야!"

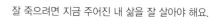

리더의 말모이

잘 죽으려면 지금 주어진 내 삶을 잘 살아야 해요.
잘 사는 건 자신과 사이가 좋다는 거래요.
자신에게 물어봐 주실래요?
나는 나와 사이가 좋은가!

남과 비교하지 마라.
어제의 나와 오늘의 나의 비교말고는.

리더가 가까이해야 하는 비

여자들이 좋아하는 비는 '소비'

남자들이 자주 맞는 비는 '낭비'

얼굴에 식은땀이 나고 속을 답답하게 만드는 비는 '변비'

리더가 늘 가까이해야 하는 비는 '준비'

리더의 말모이

마냥 원하기만 하는 것과 원하는 것을 받을 준비가 된 것은 다르다. _나폴레온 힐

얻고자 하는 성과의 비밀은 자신감과 도전정신이며 그 자신감의 씨는 바로 준비에서 나온다.
"이날을 기다렸습니다."
"밤새 잠을 뒤척였어요. 여러분을 만난다는 설렘으로."
"여러분 앞에서 발표를 할 수 있다는 것은 저에게 큰 행운입니다."
이렇듯 자신감을 가지고 당당하게 도전해 보는 것이다.
연습이라는 '준비'가 자신을 설레게 할 것이다.

꾸준함이 잔재주를 이긴다

아버지가 아들에게 물었다.

"아들아, 너는 학교에서 어떤 과목이 제일 좋으니?"

"저는 영어가 좋아요!"

"왜?"

"영어 선생님이 자주 결근하시거든요."

리더의 말모이

가을걷이를 하면 알게 된다.

봄에 얼마나 많은 씨앗과 정성을 들였는지….

농사는 농부의 발자국 소리에 익어 간다고 한다.

인정받으려면 꾸준한 연습 이외에는 없다.

한결같은 마음

유머컨설턴트 최규상 소장은 이렇게 강의를 시작한다.

"저는 우표 같은 사람입니다. 한번 붙이면 목적지까지 끝까지 가지요. 그래서 지금의 아내와 한 번 결혼했습니다."

그러자 듣고 있던 아내가 하는 말.

"배달 사고예요!"

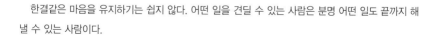

리더의 말꼬리

한결같은 마음을 유지하기는 쉽지 않다. 어떤 일을 견딜 수 있는 사람은 분명 어떤 일도 끝까지 해낼 수 있는 사람이다.

미움의 씨

미움의 씨가 싹트면 심장병에 걸릴 가능성이 높다. '미운 것'은 나의 마음 상태에서 나타나는 것이며 '미운 사람을 생각하면 피가 거꾸로 솟구친다.'는 말도 있지 않은가? 행여 마주치기라도 하면 심장은 100m 달리기 선수보다 더 빨리 달리기 시작한다.

요양병원에서 만난 할머니는 늘 웃으며 다니신다. 다른 분들은 원망하거나 미움으로 하루를 보내는데, 그 할머니는 구순이 넘으셨는데 늘 밝게 맞이해 주신다.

"할머니는 미워하거나 원수 같은 분은 없어요?"

"응, 나는 없어!"

"어떻게 미운 사람이 한 분도 없어요?"

"응, 다 디졌어~"

내 마음의 씨를 뿌리는 것도 자신이요, 그 미움의 씨를 다 뽑아 버리는 것도 내 자신이다. 미운 사람에게서 좋은 점을 찾기란 쉽지 않지만 이렇게 생각해 보자.

내가 너를 미워하지 않는 것은 너를 위한 것이 아니라 나를 위한 것이라고…. 나는 소중하니까….
그리고 매일 기도하고 행동하라.

'내가 잘될 거야.'

미운 사람에게 최고의 복수는 '내가 잘되는 것'이다.

리더가 잡고 싶은 물고기

학력이 높은 물고기는 '고등어'

피곤한 물고기는 '쉬리'

전문의로 존경받는 물고기는 '닥터피시'

장수하는 물고기는 '장어'

성공하는 리더가 늘 잡고 싶은 물고기는 '잡어'

리더의 말끄미

리더가 잡고 싶은 '잡어'는 '계획을 잡어, 기회를 잡어, 타이밍을 잡어, 마음을 잡어, 사랑을 잡어'
이다. 바닷물이 짠 이유는 물고기가 땀을 흘려서라고 한다. 잡으려면 행동해야 한다. 목표를 향해 뛰
어야 한다.

정 情

／

배려, 이해, 소통

배려를 감사로 받아야지,
권리로 받으면 서로 곤란하다.

가까운 사람일수록

가깝다는 이유로 막 대하지는 않으시죠?

정말 가까운 사람이라면
다른 사람보다 한 번 더 생각하고 말하고 행동하자.
가까운 사람이기에 더욱 섭섭할 수 있다.

리더의 말모이

근자열원자래(近者悅遠自來)라는 말이 있다. 가까이 있는 사람을 기쁘게 하면, 멀리 있는 사람이 찾아온다는 공자의 말씀이다. 가까운 사람을 더 섬기면, 먼 사람도 저절로 가까워지는 법이다.

존중받을 권리

남편은 언제나 남의 편
아내는 언제나 아들내편

아무도 내 편이 되어 주지 않을 때
최소한 나만큼은 내 편이 되어 주자.

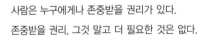

사람은 누구에게나 존중받을 권리가 있다.
존중받을 권리, 그것 말고 더 필요한 것은 없다.

외눈 남편의 고백

애꾸눈의 남편이 결혼 후 고백을 했다.

"사실 나는 한쪽은 실명이야."

그러자 깜짝 놀란 아내,

"당신이 어떻게 나를 속이고 결혼할 수가 있어요?"

아내가 큰소리로 따지자,

"속이지는 않았지. 내가 한눈에 반했다고 처음에 얘기했는데?"

리더의 말모이

사람의 몸 중에 흥분하면 가장 커지는 부위는 '동공'이라고 한다.

주례사의 단골 멘트가 있다.

"서로를 있는 그대로 바라보겠습니까?"

서로가 깊이 연결되기 위한 다리는 말이 아니라, 서로를 있는 그대로 바라봄이다. 대화는 입이 아니라 눈에서 시작되고 눈에서 멋지게 마무리된다.

아무 거나

결정장애, 선택장애 속에 살고 있습니다.

"뭐 먹으러 갈까?"

"아무 거나."

리더의 말꼬리

결정을 내리거나 선택을 할 때 망설이는 이유는 '뭔가 최고의 선택, 최상의 선택이 따로 있을 거야.'라는 믿음 때문이다. 그리고 타인에게 미루는 것은 책임 소재를 줄이고자 하는 회피적 심리가 작용하기 때문이다.

'아무 거나'라는 대답은 결정된 사항에 대하여 절대적으로 위임한다는 뜻도 포함되어 있다는 사실을 알아야 된다.

만약 당신이 리더라면 최소한의 가이드라인은 잡아 줘야 한다. '중식 어때?', '한식으로 할까?', '일식이 확 당기네.' 등과 같이 결정에 참여해야 한다.

"여러분. 결정에 이의가 있으신가요?"

"최선의 방법을 택했으니 최고로 즐깁시다."

"혹시, 이 음식을 못 드시는 분 있으신가요?"

적당한
거리두기 ♥

가까운 사람일수록 적절한 거리를 둬라.

아끼는 사람일수록 칭찬을 아끼지 마라.

작품을 촬영할 때 가장 중요한 것은?

어느 유명한 사진작가에게 물었다

"작품을 촬영할 때 가장 중요한 것은 무엇입니까?"

작가의 대답.

"사진기의 뚜껑을 여는 것입니다"

리더의 말모이

험한 언덕을 오르기 위해서는 처음부터 천천히 걷는 것이 필요하다. 사람의 마음을 여는 것도 이와 같아서 천천히 다가가야 된다.

갑자기 온 친구는 어느 날 갑자기 떠나고, 훅~ 들어온 고백은 선택하기도 전에 훅~ 날아가 버린다.

소금을 가장 비싸게 파는 방법

소금을 가장 비싸게 파는 방법은

소와 금을 분리해서 파는 것이다.

'수고했어'라는 말도 괜찮지만

'수많은 날들을 고생했어'라고 과정을 칭찬하라.

부부싸움은 이렇게

"사랑하는 여보, 반찬이 이게 뭡니까? 차라리 소를 키우지, 온통 풀밭이구려. 나를 키워서 우유 짜려고 그러시나요?"

"미사일로 날려 버려도 남아 있을 한 성질하시는 강직한 당신, 나는 늘 집에서 노느라 반찬을 신경 안 쓰는 줄 아세요?"

"미치고 환장하게 예쁜 여보, 하지만 말이죠. 집 밥이 유일한 낙인데, 생선이나 고기도 있으면 힘내서 더 열심히 일할 것 아니요."

"보기만 해도 심장이 벌렁벌렁 뛰게 만드는 당신, 나갈 때는 많고 들어오는 건 줄어드는데 당신의 식욕은 늘 자라고 있군요. 먹어도 전혀 힘을 못 쓴지 꽤 된 것 같은데 어디 쓸데라도 있으신가요?"

"까무러치게 사랑하는 당신, 내 모르는 바 아니오만 가슴에서 우유가 나올까 걱정돼서 하는 말이오."

"매력이 철철 넘쳐 홍수가 날 지경인 여보, 앞으로 조금 더 신경을 쓰지요."

리더의 말모이

같은 말을 어떻게 표현하느냐에 따라 온도의 무게가 달라진다는 이치를 누구나 알고 있지만, 아무나 실천하지는 못합니다. 화가 난 말은 상대의 마음을 불타게 하여 재만 남기고, 따뜻한 말은 온기가 전달되어 언 마음을 풀리게 합니다.

경어를 사용하면 싸움이 줄어들고 첫 마디가 존칭과 칭찬으로 시작하면 감정싸움이 어느덧 웃음으로 마무리될 수 있어요. 그렇다면 필자는 부부싸움에 경어를 사용할까요, 사용하지 않을까요?

경어를 사용하기 싫어 싸움을 하지 않습니다.

"사랑하는 여보 / 무지하게 멋진 당신 / 미치고 환장하게 예쁜 당신 / 까무러치게 환상적인 당신 / 매력이 철철 넘쳐 홍수가 날 지경인 여보 / 향기에 취해 정신줄은 잡을 수가 없는 여보 / 당신의 잘생김에 시커멓게 타 버린 김 부스러기 같은 당신 / 내 몸이 감탄으로 터져 폭발해 버릴 것 같은 여보 / 미사일로 날려 버려도 남아 있을 성질이 강직한 여보 / 아름다움이 바닥에 넘쳐 바다를 이룰 것 같은 여보"

선배나 상사의 마음을 얻는 법

수업 시간에 아이들이 시끄럽게 떠들기 시작했다.

보다 못한 반장이 벌떡 일어나 말했다.

"너희 중에 공부하기 싫은 사람, 조용히 나가!"

그러자 선생님이 책을 들고 조용히 교실을 나갔다.

선배나 상사에게 칭찬을 하기란 어지간히 어려운 게 아니다. 아부처럼 들리기도 하고, 뭔가 바라는 게 있어서 그러는 게 아닌지 오해받을 수도 있기 때문이다. 성격과 인품을 이야기하면 선배나 상사의 마음을 얻을 수 있다.

"저도 선배처럼 되고 싶어요."

"저도 상사님처럼 될 수 있을까요? 그렇게 되고 싶은데….'

"당신 밑에서 일하는 사람들은 참 행복하겠어요."

"당신이 참 좋은 사람이라고 생각했는데 당신 부하 직원들도 역시 아주 좋은 상사라고 하더군요."

"제가 감히 선배님의 사람을 이끄는 힘을 따라 하기란 어려울 것 같아요."

"선배님과 함께할 수 있어서 참 행복해요."

"선배님의 에너지는 대체 어디서 나오는 거예요? 전 매일 동기 부여받잖아요."

자신의 존재를 인정받는 것은 지위고하를 막론하고 가장 행복한 일이다.

겸손하되 비굴하지 말고
자존감이 높되 모두에게 친절하라.

'실례'와 '대답'

한 남자가 마음에 드는 여자에게 하는 작업 멘트.

"실례지만 실례 좀 해도 실례가 되지 않을까요?"

여자가 대답했다.

"대답하기 싫다고 대답을 해도 대답이 될지 모르겠네요."

리더의 말모이

거절당했다고 실망할 필요가 없다.
"당신의 의견을 존중합니다."
"좋은 제안인 것 같지만 사정이 여의치 않네요."
"깊이 생각해 봤지만 안 될 것 같아요."

국수와 국시의 차이점

국수는 밀가루로 만들고
국시는 밀가리로 만든다.

국수는 상점에서 팔고
국시는 점빵에서 판다.

국수는 봉지에 담아 주고
국시는 봉다리에 담아 준다.

국수는 아줌마가 팔고
국시는 아지매가 판다.

아줌마는 아이를 업고 있고
아지매는 얼라를 업고 있다.

표준어는 표준으로 정해진 어휘, 발음, 문법을 포괄한다고 명시되어 있다. 그러나 말보다 더 표준이 되어야 하는 것이 있다. 그것은 바로 그 사람의 행동이다.

두 사람의 대화

상국 : 절 좋아하세요?

진섭 : 해인사로 가세요.

상국 : 나는 당신 때문에 미치겠어요.

진섭 : 그럼 나는 솔을 칠게요.

상국 : 너무해요. 너무해!

진섭 : 무 말고 배추할게요.

상국 : 정말 못 말리겠군요?

진섭 : 건조기에 말리면 금방인데….

들었다고 다 믿을 것도 안 되고
보았다고 다 맞는 것도 아니다.

"네 말도 맞지만 상대의 이야기도 들어 보자."
"그런 마음이 들 수도 있지. 하지만, 그런 뜻이 아닐 수도 있지 않겠니?"
"너의 말에 부정하는 건 아니지만 너무 상처받지는 마!"

무심코 던진 말

거북이와 사자가 달리기 경주를 하였다

달려가던 사자가 뒤돌아 와서는,

"야, 거북아! 등에 짐이 있으니 달릴 수가 없잖아. 가방을 벗고 뛰라고….
너는 기는 거니, 아니면 걷는 거니?"

하면서 놀렸다.

그러자 한참을 참고 있던 거북이 왈,

"야! 이놈아, 너는 대가리부터 묶고 뛰어!"

리더의 말끄이

겨울이 지나 여름이 되었는데도 앙상한 가지만을 고수하는 나무는 죽은 나무임이 틀림없다. 먼저 고정관념을 버려야 한다. _ 이드리스 샤흐

상대의 단점을 비판하기는 쉬우나 그 비판이 상처로 남을 수 있다. 무심코 던진 말이 상대에게 병을 치유하는 의사의 칼이 아닌 폭군의 칼이 될 수도 있는 것이다.

자신감 이란
누가 만들어 주는게 아니다.
나무에 물을 주듯 스스로 격려
해야 한다.

소중한 나에게 해 주는 말

한 사람을 아는 데 30년이 걸리지만

그 사람을 잃는 데는 30초도 안 걸린다.

잃게 만드는 이유를 찾으니 '말'이더라.

❀ 소중한 나에게 해 주는 말

"내가 해냈다, 대단해!" – 성공

"이런 일은 내가 최고지, 역시." – 만족

"와우! 진짜 재밌네." – 경험

"나도 당신처럼 하고 싶어." – 목표

"이만하면 괜찮아." –격려

❀ 격려의 의미

'격려하다'는 '용기를 불러일으킨다'는 의미가 있다.

"그것이 당신이 원하는 것이라면 최선을 다해 돕겠어요."

"당신 마음이 결정되면 하세요."

"당신과 같은 자리에 설 수 있다는 것은 제에게 영광이네요."

'NO.1'이 아니라 'ONLY.1'이 되어라

나는 대한민국 행복충전사 1호 강사이다.

나는 〈이상국 힐링토크콘서트 행복하십쇼〉를 시즌7까지 공연한 유일한 사람이다.

나는 '단디스피치리더십 스피치' 과정을 개발한 교수다.

나는 100분 동안 최소한 100번의 웃음은 만들어 내는 강연가다.

나는 유머책 4권을 쓴 작가다.

리더의 말모이

당신의 'ONLY.1'은 무엇인가?

리더가 가져야 할 응원되는 말

인디언 부족은 광야를 달리다 일정 시간이 되면 휴식을 취하면서 뒤를 돌아본다. 너무 빨리 달려서 영혼이 따라오지 못할까 봐 그렇단다.

말과 인디언이 한 몸이 되어야 기나긴 여정에도 지치지 않는다고 한다.

그렇다면 말이 싫어하는 동반자는?

말꼬리 잡는 인간

남의 말을 가로채는 인간

말 바꾸는 인간

말의 앞뒤를 구분 못 하는 인간

말머리 마음대로 돌리는 인간

리더십이 강한 말은 '카리스馬'

고민이 많은 말은 '딜레馬'

그렇다면 리더가 가져야 할 응원되는 말은?

'성공시켜 주馬, 행복하게 해 주馬, 돈 많이 벌어 주馬, 아프지 馬, 걱정하지 馬, 포기하지 馬, 즐겁게 해 주馬, 꿈을 이루게 해 주馬'

좋은 약은
잘 듣습니다.

마음의 병도
잘 들어주면 됩니다.

치킨게임

'치킨게임(chicken game)'이란 게 있다.

두 사람이 각각 자동차를 타고 서로에게 돌진한다. 이때 누군가가 핸들을 돌려 피하지 않으면 양쪽 모두 죽게 되지만, 먼저 피하는 사람이 겁쟁이가 되어 결국 게임에서 지게 된다. 즉, 겁쟁이가 되기 싫어 피해를 뻔히 알면서도 끝까지 게임을 하는 멍청한 닭대가리 게임이다.

리더의 말모이

대화와 양보 그리고 타협을 찾는 게 서로가 죽지 않는 길입니다. 독이 든 말이 나가면 독을 바른 화살이 날아오게 마련입니다.

기다리기

신혼 첫날밤, 신랑이 신부에게 물었다.

"결혼을 했으니 우리는 더 이상 숨기는 게 없어야 되잖아. 나와 결혼 전 남자를 몇 명이나 만났어?"

신부가 고개를 숙이고 가만히 있자

"괜찮아, 다 이해한다니까."

라며 신랑이 다그치자, 신부가 하는 말.

"가만히 있어 봐요. 지금 숫자를 세고 있는 중이에요!"

리더의 말모이

별을 보려면 어둠을 기다려야 하고
꽃을 보려면 눈이 녹기를 기다려야 하고
영화를 보려면 광고가 끝나기를 기다려야 한다.
"준비가 되면 얘기해요. 충분히 그럴 수 있어요. 언제든 저는 괜찮아요."
"제가 남이야기 들어 주는 알바로 성공한 사람이에요."

같은 눈높이로

한 환자가 비뇨기과를 찾았다.

환자는 의사에게 절대 웃으시면 안 된다고 다짐을 받고 바지를 내렸다.

그런데 고추가 새끼손가락보다 작은 게 아닌가?

의사는 웃음을 꾹 참고 진찰을 보려는데 환자가 심각한 얼굴로,

"많이 부었어요."

리더의 말모이

자신의 관점에서 상대를 평가하지 마라.

"얼마나 고통스러운지 저는 알아요."

길을 가다 넘어지면 왜 넘어졌는지 따지지 말고 같은 눈높이로 넘어져 주자.

경청의 기술

☞ 첫째, 역지사지(易地思之)

상대방의 입장에서 생각한다.

"내가 당신의 입장이라도 충분히 그럴 수 있어요."

"당시에는 최선의 선택이었군요."

"화내실 만합니다."

"정말 힘겨운 시간을 보내셨군요."

내가 만약 상대의 입장이면 나는 어땠을까를 생각하라.

☞ 둘째, 화자삼도(話者三到)

상대의 말의 뜻을 이해하려면 눈, 귀, 마음 모두를 집중해야 한다. 상대가 말하는 사이 자신의 이야기를 준비하는 사람들이 많다.

"내 얘기 들어 봐, 잠시만…."

"오케이, 그런데…."

"아휴 미치겠네, 아니라니까."

이런 리더는 대체적으로 눈동자를 자주 돌리는 경향이 있다. 말 중에 가장 얄미운 말은 '말 꼬리 잡는 놈'이다.

☞ 셋째, 발분망식(發憤忘食)

끼니까지 잊고 노력함을 뜻하는 단어로, 인내심을 갖고 끝까지 경청해야 함을 의미한다. 듣는다는 것은 상대방을 인정하고 배려하는 마음의 전달이다.

"안다고, 그만하면 다 알아듣는다고! 했던 말을 계속하니? 너 참 징하다." 이런 단어의 조합은 커뮤니케이션의 단절을 요구하는 것이다.

☞ 넷째, 불치하문(不恥下問)

아랫사람에게 물음을 부끄러워하지 않는다.

불평을 들어라. 기업체에서 불만을 느낀 고객 중에 4%만이 불평불만을 제기한다고 한다. 썩고 있는데 항의할 수 없는 풍토라면 머지않은 날에 곧 문을 닫게 될 것이다. 그들의 불평을 들어 충성 집단으로 만들어라.

'경청형 리더'가 있다. 상대의 의견을 잘 듣고 존중하는 리더를 말한다.

"먼저 말씀하시죠."

"신중하게 경청하겠습니다."

"다투자는 게 아니라 다른 의견을 말씀드리는 거예요."

"어느 하나도 허투루 넘기지 않을게요."

불평은
나의 기준에 맞지 않음에서
평화는 남에 대한 배려함에서
나온다.

편견은 대화를 막히게 한다

계란을 팔고 받은 돈은 '에그머니'

도둑들이 좋아하는 돈은 '슬그머니'

호주에서 통용되는 돈은 '호주머니'

아저씨들이 좋아하는 돈은 '아주머니'

그럼 할아버지들이 좋아하는 돈은?

…

'아주머니'

리더의 말모이

편견은 대화를 막히게 하고
편법은 세상을 힘들게 하고
편취는 사람을 아프게 하고
편함은 꿈을 멈추게 한다.

고집, 아집, 트집

집을 지을 때 짓지 말아야 하는 집 세 가지는
'고집, 아집, 트집'이다.

고집이 있는 사람은 세상을 향해 자신에게 적응하라 하고, 현명한 사람은 자신을 세상에 적응시키려 노력한다.

자신의 기준이 아니라 상대의 기준에서 대화하려고 노력하라.

원하신다면

충치가 있는 사람이 치과를 찾았다.

"아픈 이를 빼는 데 얼마예요?"

그러자 치과의사 왈,

"5만 원입니다."

가격을 듣고 놀란 환자가

"5분도 안 걸리는데 5만 원이라고요?"

라고 따지듯 묻자, 의사가 미소를 보이며

"원하신다면 20분 동안 천천히 빼 드릴 수 있습니다."

이야기를 듣다가 '이 사람이 이래서 그렇구나.' 또는 '이런 스타일이라 저렇게 생각하는구나.'라고 스스로 단정하지 마라. 이야기를 듣는 순간만큼은 절대로 판단해서는 안 된다. 처음처럼 대하라.

"그게 최선이었구나!"

"내가 너라도 그렇게 했을 거야."

"얼마나 힘들었니?"

표현을 1인칭 의문형으로 연결하면,

"내가 듣기에 당신은 ~한 것 아닌가요?"

"내 생각에 당신은 ~인 것 같은데 맞나요?"

선입견

일본 가이드와 함께 자동차로 여행을 하고 있었다.

상국이가 담배를 입에 물자, 가이드가 낚아채 문밖으로 내던졌다.

"이게 무슨 짓이요?"

"차 안에서는 금연이모니다."

"아직 불도 안 붙였는데?"

"담배를 피우기 위한 예비 행위도 안 된단 말입니다."

한참을 달리고 있는데, 가이드가 신문을 펴는 게 아닌가?

상국이가 잽싸게 신문을 가로채 문밖으로 던졌다.

"아니, 신문을 왜 버립니까?"

"차 안에서 똥을 싸기 위한 예비 행위도 안 됩니다."

리더의 말모이

'그럴 것이다.', '같더라.', '내 예감은 틀린 적이 없어.', '딱 그거라니까.' 혹시 이런 선입견이 있거든 내다 버리세요.

소통의 원리

소통(疏通)은 소통(燒通)이다.
즉, 소주를 함께 마시며 그날을 불태우면 통한다.

소통(疏通)은 소통(笑通)이다.
즉, 웃겨야 통한다. 웃으면 벽이 뚫린다.

소통(笑通)은 간단하다.
웃어만 줘도 통한다는 것이다.

소통과 '다리'

평생을 건너야 할 다리는 '학교'

나라의 정상들이 만나는 다리는 '외교'

코미디언들이 자주 다니는 다리는 '기교'

건너면 슬퍼지는 다리는 '비교'

여러 사람이 모이는 다리는 '사교'

오랜 시간 사랑을 지속하게 만드는 다리는 '애교'

매일 다리를 건너야 할 인생이라면

'비교'라는 다리 위에서 우울증에 시달리지 말고

더불어 함께 사는 '사교'라는 다리에서

가치 있는 삶을 위한 '학교'를 끊임없이 다녀야 한다.

소통도 이와 같아서 어떤 다리를 건설하느냐에 따라 달라진다. 그런데 생각 외로 단순하다.

"그래서? 어머, 그랬구나."
"미친, 대박, 헐! 어떡하니…."
"잘됐다, 대단해!"
"해낼 줄 알았어. 힘들었지?"

상대의 이야기에 한 번 더 되짚는 다리를 연결하면 된다.

첫마디의 중요성

"형, 살쪘어?"
오랜만에 만난 후배 녀석의 첫마디.
난 그 녀석의 주둥이를 살찌우고 싶다.

"어머, 기집애 주름이 자글자글하네."
그 녀석의 상판대기를 주름지게 만들고 싶다.

"흰 머리가 장난이 아니네?"
그 녀석의 눈을 흰자만 외로이 살게 하고 싶다.

심리학 중에서 '교류분석'이란 이론에 '스트로크(stroke)'라는 용어가 있다. 상대방의 존재와 언행을 인정하고 던지는 말과 행동이다.

"잘했어, 아주 잘했어. 나날이 발전하는데?", "좋아, 내 마음에 꼭 든다."라고 솔직하게 표현하는 것을 '플러스 스트로크'라고 한다. 관계가 더욱 돈독해지는 효과가 있다.

반면 마이너스 스트로크는 상대방을 치켜세운 다음 이용하는 것, 즉 칭찬한 후에 자기 생각대로 상대방을 조종하는 것으로 조작의 수단으로 삼는 것이다

"하지만, 그런데, 그게 한계야, 그렇다고 해도"와 같은 접속사를 사용하는 리더는 구성원이 '그런 속셈이 있었구나.'라는 생각에 그의 칭찬에도 반가워하지 않는다.

방의 용도

밥상을 갖다 놓으면 식당

책상을 갖다 놓으면 공부방

이불을 펴면 침실

요강을 갖다 놓으면 화장실

다과를 갖다 놓으면 응접실

모포를 펼치고 화투를 치면 도박장

다림이질을 하면 세탁소

빔을 설치하면 영화관

리더의 말모이

회의석상에서 혼자 여러 가지 아이디어를 제안하면 유능한 사람으로 보인다. 이런 사람을 '퍼포먼스(performance)형'이라고 한다.

그러나 '퍼포먼스형'만으로 모임을 유지하기는 힘들다. 누군가 '다른 사람의 의견도 들어 봅시다'고 하는 '메인터넌스(maintenance)형'의 사람이 있어야 한다.

넓은 시야를 가지려면 나와 비슷한 사람만 필요한 게 아니라 다른 의견을 존중하고 인정하는 안목도 있어야 한다.

"예, 다른 분의 의견도 들어 보고 싶군요."
"여러분의 다양한 생각을 말해 주시면 감사하겠습니다."
"또 다른 시각에서 살펴보시는 분 있으시면 말씀 부탁드려요."

잘 듣는 사람

철수는 칠 남매다. 형이 셋, 누나가 셋이다. 형은 일남이, 이남이, 삼남이, 누나는 삼순이, 이순이, 일순이. 그렇다면 막내의 이름은 무엇일까요?

정답: 철수

왜냐고요?

처음부터 알려주지 않았나요? '철수는….'

사람들에게 영향을 미칠 수 있는 비결은 말을 잘하는 사람에게 있는 것이 아니라, 경청하는 사람에게 있다. 곧 말을 잘하는 사람은 잘 듣는 사람이라는 의미이다.

'다르다'는 것은
'그 사람답다'라는 것이다.

존중과 인정

예수님과 부처님의 가장 큰 차이가 있다면 무엇일까?

'헤어스타일'.

남자와 여자의 가장 큰 차이점이 있다면?

'고향'이다. (존 그레이 박사의 『화성에서 온 남자 금성에서 온 여자』)

리더의 말꼬이

밀당은 누군가의 우위에 서기 위함이 아니라
서로 균형을 맞추는 과정이다.
서로 다른 환경과 익혀 온 삶의 방식이 달랐다.
그 삶을 존중하고 인정하자.

논리와 위로

일 더하기 일은 = 과로

이 빼기 이는 = 틀니

논리적으로 이해할 수 있는 게 있고, 어떤 문제는 논리라는 틀에서 벗어나야 보이는 것도 있다. 논리가 아니라 위로가 필요할 때도 많다.

넘어지면 '왜 넘어졌지?'를 생각하고 문제를 해결하기보다 같이 넘어져서 쪽팔림을 덜어 주는 것이 좋다.

그리고 울고 있으면 '왜 울어?'라 묻기보다 그냥 어깨를 빌려주면 좋을 때가 있다.

권유할 권리, 거절할 권리

여름이면 팔등신 청춘들이 입학하려고 경쟁률이 엄청난 '해운대'. 옆 차선에 긴 생머리, 옅은 화장의 이상형의 여인이 오픈카에서 선글라스 너머로 해운대의 여름을 가득 만끽하고 있었다.

바로 내가 그리던 이상형의 여인이 아니던가? 용기를 내서 다가가 말을 건넨다.

"안녕하세요? 어디선가 꼭 한 번은 만나고 싶었던 이상형입니다" 시간을 내 주시면 제가 멋진 곳에서 아이스 아메리카노 한 잔을 대접하고 싶네요."

그런데 아무 대꾸도 없이 창문을 올리더니 그대로 출발하는 것이 아닌가?

그러나 멀리가지 않아 다음 신호등에서 만나게 되었다.

"아마도 하늘의 계시가 아닐까요? 이렇게 또 만나다니요. 저에게 한 시간만 렌탈해 주시죠."

그러자 이상형의 여인이 창문을 쓰윽 내리더니 아주 나지막한 목소리로,

"너 같은 건 집에도 있어!"

상대에게 차 한잔하자고 권유할 권리가 나에게 있고, 상대에게는 '너 같은 건 집에도 있어.'라고 거절할 권리도 있다. 권유할 권리가 있는 것처럼 상대에게도 거부할 권리가 있는 것이다.

몸보다는 마음을

한 아이가 매일 지각을 하자, 선생님이 물었다.

"너는 왜 날마다 지각하니?"

아이는 억울한 눈빛으로 이렇게 답했다.

"제가 도착하기 전에 매번 수업종이 울리더라고요."

리더의 말모이

사색보다는 검색이 먼저인 시대에 살고 있다.
몸을 움직이게 하지 말고 마음을 움직이게 하라.

"자네의 능력을 믿네!"
"해낼 거라 그랬지?"
"당신은 꼭 필요한 존재야."

음 飲

건배사

스토리 건배사

건배사를 할 때는
자신의 이야기를 대입시켜 이야기한다.

건배사 기법 (인감사구짝)

✿ 인사

"반갑습니다. 대표이사직을 맡고 있는 전대표입니다."

인사말은 간단히 한다.

✿ 감사 (자리 · 배려 · 성과 · 음식에 대한 감사 등)

"이 자리를 준비한다고 고생한 인사과 나성장 과장에게 진심으로 감사드립니다."

지위가 높을수록 감사의 멘트를 꼭 하라. 끌고 가지 말고 따르게 하라.

✿ 사연 (스토리)

"속담에 '멀리 가려면 함께 가라.'고 했습니다. 어둡고 힘든 시절도 여러분이 있었기에 가능했고 한 분 한 분 각자의 위치에서 열정적으로 함께했기에 가는 길이 두렵지 않습니다. '하면 된다, 무조건 된다'라는 말도 때로는 거짓일 때가 있습니다. 그러나 하지 않으면 아무것도 안 됩니다. 우리는 해 냈고 앞으로도 계속해서 도전할 것입니다. 여러분, 감사합니다."

구호(모임의 참석자에게 알려 줄 것)

"제가 감사의 마음을 담아서 '여러분의 도전에' 하면 '감사'라고 외치시고 '앞으로' 하면 '쭉쭉'이라고 화답해 주시기 바랍니다."

이후 구호를 제창한다.

짝짝짝(박수)

어느 정도 잔이 비워지면 다 같이 박수를 유도함으로써 건배사를 마침을 알리고 자연스럽게 자리에 앉을 수 있다.

남자의 건배사

거친 사나이답게
때로는 신사답게

뚝배기

장맛은 뚝배기라는 말이 있습니다. 1,200도 이상 고온에서 견뎌야 하는 뚝심이 있고 배짱 두둑하게 오랫동안 음식의 열을 지켜 주고 기운차게 숨 쉬는 그릇이 바로 뚝배기입니다.

선창 : 뚝심 있고 배짱 있고 기운차게

후창 : 뚝배기

리더의 말모이

건배사의 스토리를 마쳤으면 구호를 참석자에게 미리 알려 줘야 한다. 레크리에이션 강사가 말하듯 명령조의 언어를 사용한다.

먼저 잔을 눈높이까지 들면서 '이제 구호를 합니다'라는 신호를 보내고 사람들을 집중시킨다. 그리고 위의 뚝배기로 건배사를 한다고 가정을 하고 "여러분, 제가 '뚝심 있고 배짱 있고 기운차게!'라고 하면 여러분은 '뚝배기'로 화답해 주시기 바랍니다."

선창은 자신에 찬 목소리로 또박또박 들리게끔 외친다. 그리고 후창, 즉 화답의 목소리가 나오면 잔을 부딪치는 시늉을 하고 난 다음 술을 마신다.

나가자

영화 〈아저씨〉에서 차태식이라는 역을 원빈이 맡았는데 소미를 찾으러 갔다가 인신매매범과 맞닥뜨리죠. 거기서 나오는 명대사가 있습니다.

"너희는 내일을 보고 살지? 나는 오늘만 산다."

내일도 중요하지만 오늘을 어떻게 보내느냐에 따라서 내일의 방향이 정해지는 것입니다. 나도 잘되고 가도 잘되고 자도 잘되는 '나가자'로 외치겠습니다.

선창 : 나도, 가도, 자도 잘되도록

후창 : 나가자

취하자

신문에 생선을 싸면 비린내가 나고, 꽃을 싸면 향기가 난다고 합니다.

꽃향기가 가득히 퍼져 정신을 차릴 수가 없네요. 오늘만큼은 꽃향기에 취하고 술에 취하고 싶네요.

선창 : 취하자, 당신의

후창 : 향기에

안 그래도 예뻐

안 그래도 예쁜데 예쁜 척하기는….

딱 어울리는 구절입니다. 얼굴도 예쁘고 마음도 예쁘고 배려도 예쁘고!

선창 : 안 그래도

후창 : 예뻐

라운딩 건배사

여러분들과 함께한 라운딩 추억의 한 페이지로 고이 간직할게요. 모두가 승리자이십니다.

공을 많이 친 사람은 몸이 이롭고 적게 치면 마음이 이로우니까요. 바로 '다타이신' 많이 치면 몸이 이롭고 '소타이신' 적게 치면 마음이 이롭다는 것이겠지요? 여기 계신 어느 누구도 실망할 게 하나도 없습니다.

선창 : 다타이신

후창 : 소타이신

일석이조

    일석이조. 꿩 먹고 알 먹고, 도랑 치고 가재 잡고, 청소하고 용돈 줍고, 함께하고 행복하고, 잔 비우고 우정 채우고, 안주 먹고 보양하고, 얘기 듣고 정보 얻고….

    우리는 언제나 한 번에 두 가지 이상의 이익을 얻어 갑니다.

선창 : 잔 비우고

후창 : 우정 채우고

리더의 팔모이

'우정' 외에도 다른 단어를 넣어 구호를 만들 수 있습니다.

선창 : 잔 비우고	후창 : 배 채우고
선창 : 잔 비우고	후창 : 행복 채우고
선창 : 잔 비우고	후창 : 사랑 채우고

백의민족

　우리나라는 백의민족이라고 하지요.

　예로부터 흰 옷을 즐겨 입었다는 뜻인데요. 백성이 의롭게 만들려면 민심을 잘 살피는 것만으로도 족하다는 뜻이래요.

　민심을 살피는 리더가 사는 세상을 만족하게 만듭니다.

선창 : 백성의 민심을

후창 : 살피자

소취하 당취평

소취하 당취평 : 소주에 취하면 하루가 즐겁고 당신의 향기에 취하면 평
생이 행복하다.

선창 : 소취하

후창 : 당취평

따뜻한 건배사

함께한 자리를 따뜻하고
훈훈하게 만들어 주는 건배사

비우고 채우자

건배는 마를 건(乾)에 잔 배(盃)라고 합니다. 잔을 마르게 하여 비워진 잔에 많은 것을 담을 수 있기 때문이죠.

선창 : 술잔은   후창 : 비우고

선창 : 마음은   후창 : 채우자

리더의 말모이

선창과 후창이 두 번 정도 짧게 반복해서 하는 것도 효과가 높다. 모두가 공감할 수 있는 단어를 사용한 반복적인 구호도 좋다.

또는 남진의 노래 〈빈잔〉의 가사를 응용하여 '어차피 인생은 빈 술잔 들고 취하는 것. 그대여, 나머지 설움은 나의 빈 잔에 채워 주~~'라고 한 소절 노래를 부르며 다음과 같은 구호를 외치는 것도 좋다.

선창 : 힘듦은   후창 : 비우고

선창 : 행복은   후창 : 채우자

☽ 응용

슬픔은 비우고, 행복은 채우자

미움은 비우고, 나눔은 채우자

오해는 비우고, 사랑은 채우자

격식은 비우고, 즐거움은 채우자

부족함은 비우고, 자신감은 채우자

과거는 비우고, 미래는 채우자

섭섭함은 비우고, 우정은 채우자

또한 이를 활용하여 모임의 성격에 맞는 구호를 얼마든지 만들 수 있다.

☽ 성과를 격려하는 자리

실적 부진은 비우고, 달천(10,000,000원)으로 회식하자

☽ 동창회 모임

오해는 비우고, 추억으로 채우자

☽ 골프 모임

더블은 비우고, 싱글로 채우자

자신을 존중하자

감 중에 가장 맛없는 감은 영감이라더군요. 그러면 감 중에 가장 맛있는 감은 뭔지 아세요? 그건 자신감, 자존감, 자아존중감 3형제래요.

그중에 으뜸은 자아존중감인데, 자아존중감은 자신을 아끼고 사랑하는 마음이지만 그 속에 상대에 대한 배려와 존중이 들어 있어서래요.

공자가 말하길 스스로 자신을 존중하면 상대는 당연히 당신을 존중할 것이다 했습니다. 오늘의 건배사는 '자신을 존중하자'로 하겠습니다.

선창 : 스스로 자신을

후창 : 존중하자

당신을 먼저

천하를 얻기 전에 먼저 얻어야 하는 것은 바로 백성의 마음입니다.

조직의 화합과 성장을 위해서는 먼저 조직원들의 마음을 얻는 것이 최우선입니다. 멀리 있는 사촌에게 마음을 쓸게 아니라 바로 가까이 있는 나의 이웃, 동료에게 더 큰마음을 쓸 때입니다.

선창 : 당신을 먼저
후창 : 챙길게요

고사리

산에서 나는 고기를 고사리라고 합니다. 봄이 되면 척박한 땅에서도 슬며시 고개를 내미는 고사리는 풍부한 영양가를 지니고 있습니다.

메마른 우리네 인생에도 고사리처럼 풍부한 영양을 주는 단어가 있으니,

고 : 고맙습니다.

사 : 사랑합니다.

리 : 이해합니다.

라는 영양분입니다.

선창 : 고맙고 사랑하고 이해합니다

후창 : 고사리

전화위복

'전화위복(轉禍爲福)'이란 화를 바꾸어 복을 만든다는 뜻이래요.

전화를 자주 해서 위로하고 안부를 물으면 복이 들어온다는 말이겠지요? 앞으로 서로에게 전화를 자주 해서 위로와 격려의 말을 하게 되면 복이 들어온다는 것이니, 전화로 마음을 전합시다.

선창 : 전화를 자주 해서
후창 : 복을 받자

일목요연

사자성어로 '일목요연(一目瞭然)'은 한 번 보고도 훤히 알 수 있다는 뜻이래요.

일요일도 목요일도 요일에 상관없이 연락하자. 휴일이나 일주일의 중심인 목요일에 일주일에 두 번은 연락을 하자.

그러면 상대를 마음을 훤히 알 수 있겠지요?

선창 : 일주일에 두 번 일요일과 목요일

후창 : 언제나 콜!

우문현답

우문현답, '우리의 문제는 현장에 답이 있다'.

질문이 어리석어도 답은 현명한 것이래요.

조금씩 부족함을 다 가지고 태어난대요. 그 어리석음을 채울 수 있는 이 자리가 늘 자신을 성장시키고 있습니다. 저의 부족함을 채워 주심에 늘 감사드립니다. 바로 이곳에서 해답을 받아 가니까요.

선창 : 어리석은 질문도 명쾌하게 하는 당신은

후창 : 현자입니다

걸림돌? 디딤돌!

길을 가다 돌을 만나면 어떤 이는 그 돌을 걸림돌이라 하고 또 어떤 이는 디딤돌이라고 합니다. 똑같은 돌인데 그 사람의 마음의 길을 어디로 잡느냐에 따라서 돌의 쓰임새가 달라진다고 합니다.

여러분은 제 인생의 디딤돌입니다.

선창 : 여러분은 제 인생의

후창 : 디딤돌

사필귀정

사람과 사람 사이에

필요한 건 사랑입니다.

귀인을 만난다는 건

정성 들인 사랑의 보답이라고 생각합니다.

선창 : 사필

후창 : 귀정

당신이 최고야

친구를 잃고 싶다면 내가 잘남을 자랑하면 되고 친구를 얻고 싶다면 친구의 잘남을 찾으면 됩니다. 그리고 찾은 잘남을 표현하면 친구를 많이 얻을 수 있습니다.

그건 으뜸, '당신이 최고야'라는 말이겠죠?

선창 : 당신이
후창 : 최고야

나머지 한 손은

오드리햅번은 아름다운 인생을 봉사로 살아갑니다.

그녀는 이렇게 이야기하죠. 사람에게 두 손이 있는 것은 한 손은 나를 위해 사용하고 나머지 한 손은 타인을 위해서 존재하는 거라고요.

선창 : 한 손은   후창 : 나를 위해

선창 : 나머지 한 손은   후창 : 당신을 위해

유쾌한 건배사

재미있는 술자리에서
유쾌한 한마디 말로 분위기 업!

천만다행

　대중 앞에 서면 떨려서 말을 잘 못하는데, 특히 미모가 출중하신 분들 앞에서면 말문이 탁 막혀서 어떻게 해야 할지 막막한데…. (뜸 들인다) 막상 앞에 딱 서고 보니 말이 술술 나오네요. 천만다행입니다. (능청스럽게) 도움을 주셔서 감사합니다.

　오늘 건배사는 '천만다행'으로 하겠습니다. 천은 하늘이요, 만은 만만, 다는 많을 다, 행은 행복할 행. 즉 '하늘 아래 가득한 행복이 여기 다 모였다'는 뜻입니다.

　그럼 선창은 '하늘 아래 우리가 제일'이라고 하면

　여러분은 '행복합니다'라고 외쳐 주시기 바랍니다.

리더의 말모이

　연기를 잘해야 한다. 못생겼다는 말이 진심이 아니라 유머로 표현해야 하며, 천만다행이라는 원 뜻이 아니라 스스로 풀이를 해서 '하늘 천, 만 만, 많을 다, 행복할 행'이라 표현하고 해석을 멋지게 해야 한다.

운 좋은 만남

젊은 나이에 유통업으로 크게 성공한 후배가 있습니다. 활기차고 적극적인 성격이 성공의 바탕이 되지 않았나 생각이 들어 우연한 기회에 그 친구에게 물었습니다.

"자네의 성공 비결은 무엇인가?"

그러자 그 친구가 이렇게 이야기를 하더군요.

"운이 좋아서요."

그런데 그 운이 좋은 기운이 여기서도 느껴지네요. 저는 오늘 운이 좋은 것 같습니다. 여러분과 같은 자리에 함께하고 있으니까요.

선창 : 운 좋은 만남

후창 : 여기다

만수무강

세상에서 가장 긴 강은? 미시시피강입니다.

지금 건너지 말아야 할 강은? 요단강이죠.

그럼 지금 우리가 건너야 할 강은 ? 만수무강입니다.

여러분, 만수무강하세요!

선창 : 만수

후창 : 무강

오징어

오징어 배를 보신 적 있으시죠? 오징어 배는 수없이 많은 등을 밝혀 그 불빛을 보고 모이게 한대요.

빛나는 등이 수없이 많아서 좋은 사람들이 모인 것 같습니다. 오징어는 '오랫동안 징그럽게 어울리자'라고 합니다. 밝고 맑은 등에 오랫동안 어울리자는 의미로….

선창 : 오랫동안 징그럽게 어울리자

후창 : 오징어

스마일

낙하산과 얼굴의 공통점은 무엇인지 아십니까?

네, 펴져야 삽니다.

선창 : 다 같이

후창 : 스마일

더 킹

제가 여러분을 볼 때마다 부러운 것이 3개 있는데요.

첫 번째, 능력이 뛰어나다는 것과 두 번째, 잘생겼다는 것. 세 번째, 인품이 뛰어나는 것.

그런데 저는 하나밖에 내세울 게 없네요. 그런 여러분을 제가 알고 있다는 것입니다.

선창 : 더~~

후창 : '킹'이다

쌤쌤

아담이 하느님께 물었대요.

"하느님, 이브는 정말 예뻐요. 왜 그렇게 만드셨어요?"

"그래야 네가 이브를 좋아할 것 아니냐!"

그러자 아담이 다시 물었어요.

"근데요, 이브는 좀 멍청하고 뭔가 나사가 하나 빠진 것 같아요."

"야, 인마! 그래야 이브가 너를 좋아할 것 아니냐?"

사람은 누구나 부족합니다. 그 부족함은 지적하지 말고 서로 보듬고 챙기며 삽시다.

선창 : 부족합니다

후창 : 쌤쌤입니다

희망의 건배사

함께 (술) 달리는 오늘도
함께 (일하며) 달릴 내일을 위한 것

뜻이 있는 곳에

남북 문인 행사를 위해 북측에 도착한 남측 인사가 물었습니다.

"남한은 호텔, 모텔, 여관 등 온갖 숙박시설이 많이 있는데 북한은 사랑을 어떻게 나눕니까?"

그러자 북측 인사가 답했습니다.

"뭣이든 뜻이 있는 곳에 길은 다 있습네다!"

어렵고 힘든 과정이 있다 하여도 뜻이 있으면 모든 것에는 길이 있습니다.

선창 : 제가 '뜻이 있는 곳에' 라고 외치면
후창 : 여러분은 '길은 있다!'라고 화답해 주세요.

리더의 말꼬이

자신이 남측 인사인 것처럼 말을 하라. 북한 사투리도 맛깔스럽게 하고, '뜻이 있는 곳에'는 강한 어조로 '길은 있다'는 희망의 어조로 구사하라.

어떤 자리에도 어울리는 속담

중국 속담에 행복에는 세 가지 조건이 있는데, '좋아하는 일을 하고, 사랑하는 사람이 있고, 희망이 있어야 한다'고 합니다.

저는 감사하게도 세 개 중에 두 개는 가졌습니다. 그 나머지 하나는 저 혼자의 힘으로는 부족합니다. 여러분이 함께해 주셔야 희망이 현실이 됩니다.

함께해 주실 거죠? (명령어조로 크게)

선창 : 제가 '우리의 희망은'이라고 하면

후창 : '현실이 된다'라고 외쳐 주시기 바랍니다.

리더의 말모이

이 속담을 활용하여 다른 구호를 얼마든지 만들 수 있습니다.

선창 : 희망의 씨를   후창 : 뿌리자

선창 : 가자   후창 : 꿈에

선창 : 앞으로   후창 : 쭉쭉

해당화

오늘은 내가 살아온 날 중에 가장 오래된 날이고, 바로 내일은 내가 살아갈 날 중에 가장 젊은 날입니다. 젊음을 시작하는 첫날의 전야제에 함께하심에 깊이 감사드립니다.

해가 갈수록 당당하고 화려한 우리들의 젊은 내일을 위하여 '해당화'로 하겠습니다. 해가 갈수록 당당하고 화려한 우리가 바로 해당화입니다.

선창 : 해가 갈수록 당당하고 화려한
후창 : 우리

튼튼합니다

먼 길을 가는 나그네가 지팡이가 부러졌다고 결코 멈출 수는 없다고 합니다.

가다 보면 지팡이가 될 만한 나뭇가지를 만나기도 하고 때로는 지팡이가 없이도 잘 가고 있는 자신을 발견할 수도 있으니까요.

이 모든 것도 내가 존재하니 만날 수 있는 것들이니 조금 더 기운을 내고 걸어갑시다. 다리는 아직 튼튼하고 쓸 만하니까요.

선창 : 내 다리는 아직

후창 : 튼튼합니다

고진감래

'고진감래(苦盡甘來)'는 쓴 것이 가고 나면 단 것이 온다는 뜻이래요. 즉, 고생 끝에는 낙이 온다는 말이죠.

고맙다고 진심으로 대하다 보면 감사하는 마음이 생기고, 내일은 인생의 낙이 반드시 온다. 즉, 지금의 힘든 시간도 감사와 사랑으로 헤쳐 나가자!

선창 : 고맙고 진실되고 감사하는 내일을

후창 : 출발~

성공의건배사

회식 자리가 잦은
직장인들을 위한 건배사

술잔의 의미

한 잔 술은 건강을 위해서

두 잔 술은 행복을 위해서

세 잔 술은 성공을 위해서

그리고 바로 이 잔은 이 모든 것을 위하여 하겠습니다.

선창 : 건강, 행복, 성공 이 모든 것을

후창 : '위 · 하 · 여'

리더의 말모이

후창을 할 때에는 한 자씩 크게 해 주시기 바란다는 메시지를 먼저 전해야 한다.

머니

봉준호 감독의 〈기생충〉이라는 영화 보셨나요? k-무비의 힘을 보여 준 영화죠. 대사 중에 이런 게 있죠.

"착해서 돈이 많은 게 아니라 돈이 많으니까 착한 거야."

돈이 많다고 다 행복하지는 않겠지만 일단 선택의 폭은 많아진다는 거죠. 내가 좋아하는 랍스타가 먹기 싫어서 안 먹는 것은 서글프지 많지만, 먹고 싶어도 돈이 없어 못 먹는 것은 내용이 다르죠. 역시 뭐니 뭐니 해도 '머니'입니다.

한번 벌어 봅시다!

선창 : 뭐니 뭐니 해도

후창 : 머니다

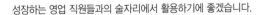

리더의 말모이

성장하는 영업 직원들과의 술자리에서 활용하기에 좋겠습니다.

열정과 에너지로

바람이 불지 않을 때 바람개비를 돌리는 방법은 앞으로 나아가는 것입니다.
경기가 어렵고 앞날이 불투명하더라도 우리는 절대 좌절하지 않습니다.
우리에겐 앞으로 뛰어갈 열정과 에너지가 있으니까요.

선창 : 열정과 에너지로
후창 : 달리자

기회의 문

경험만큼 위대한 스승은 없고, 반복된 연습이 좋은 결과를 낳는다고 합니다.

기회가 오지 않으면 기회의 문을 만들어야 하는데, 그것은 연습과 경험입

니다.

선창 : 연습과 경험이

후창 : 성공한다

대기만성

대기만성으로 사행시를 지어 볼 테니, 운을 띄워 주세요.

대 : 대화로 문제를 풀고

기 : 기운차게 하루를 시작하고

만 : 만보기로 건강을 챙기며

성 : 성공하는 오늘을 살자

선창 : 대기

후창 : 만성